Peter Heinrichs

„Pfeifen Heinrichs"

Pfeifenfachhändler in Köln

Aus dem Leben und Schaffen eines kölschen Originals

des 21. Jahrhunderts

Kurt Eggemann

Kölsch-Diplom-Arbeit an der
„Akademie för uns kölsche Sproch"

Impressum:

Die Deutsche Nationalbibliothek verzeichnet diese Publikation in der Deutschen Nationalbibliografie; detaillierte bibliografische Daten sind im Internet über https://d-nb.de abrufbar

Herstellung und Verlag:
Books on Demand GmbH, Norderstedt

ISBN 978-3-8423-7929-9

2. Auflage
© 2014 Kurt Eggemann. Alle Rechte vorbehalten.

Inhaltsverzeichnis 3

Akademie för uns kölsche Sproch

Kölsch–Diplom

Kurt Eggemann
hat an der
Akademie för uns kölsche Sproch
mit einer Arbeit über das Thema
Peter Heinrichs „Pfeifen Heinrichs"
Pfeifenhändler in Köln
Aus dem Leben und Schaffen
eines kölschen Originals
des 21. Jahrhunderts
das Kölsch–Diplom erworben.

*Diese Urkunde wird in Würdigung und Anerkennung
der Leistung und des Wissens über Köln
und die Kölner Mundart verliehen.*

Dat attesteere am 6. Mai 2011 zo Kölle am Rhing:

Oberbürgermeister der Stadt Köln   Akademie-Leiter

Mitglied der Prüfungskommision Mitglied der Prüfungskommision

SK Stiftung Kultur

4

Vorwort

Die Freundschaft und große Sympathie zu Peter Heinrichs, viel bekannter als *Pfeifen-Heinrichs,* und seine unermüdliche Präsenz in der Kölner Szene haben mich dazu veranlasst, das zu tun, was ich schon lange wollte, nämlich seinen kölschen Geschichten und denen der *Pfeifen-Heinrichs-Familie* einmal nachzugehen, über seinen Platz in der Aufzählung der *kölschen Originale* nachzuforschen und darüber zu berichten.

Viele Leute sind der Meinung, aufgrund seiner Bekanntheit quer durch alle Bevölkerungs- und sozialen Schichten Kölns und Umgebung sei Peter Heinrichs als *kölsches Original* anzusehen.

Wie es aus der Aufzählung der *kölschen Originale* ersichtlich ist, kann der Personenkreis durchaus unterschiedlicher Natur und Charakteristik sein.

Schlagfertigkeit, Engagement, Mutterwitz und Bekanntheitsgrad sind im Wesentlichen wichtige Voraussetzungen, in der Reihe der *kölschen Originale* Anerkennung zu finden.

Ein gutes Beispiel hierfür ist der Schokoladenfabrikant *Hans Imhoff,* der es verstand, seinen Mitarbeitern, Freunden und Aktionären die jährlich stattfindende Jahreshauptversammlung seines Traditionsunternehmens auf kölsche Art und Weise zu präsentieren. Diese wurde im Stil einer karnevalistischen Großveranstaltung geführt. Die Leute waren so begeistert darüber, dass er schnell im Volksmunde als *kölsches Original* bezeichnet wurde.

Im Kölner Traditionsunternehmen *Pfeifen Heinrichs* hatte alles 1908 mit Peters Großvater, dem ersten *Pfeifen-Heinrichs* von Köln, in der Marzellenstraße angefangen...

Einzelstück, angefertigt 2005 von *ALFRED DUNHILL* für Peter Heinrichs

1. Peter Heinrichs: ein *kölsches Original* des 21. Jahrhunderts

1.1. Wer ist ein *kölsches Original* der Vergangenheit?

Der Kölner Autor *Reinold Louis* beschreibt in seinem Buch *Kölner Originale*, erschienen 1997, 5. Auflage, die Welt der alten Kölner Originale und Straßenfiguren wie folgt:

„Kölsche Originale sind in Köln historische, stadtbekannte Personen, die durch ihre besonderen Fähigkeiten, Angewohnheiten, Fehler oder Schwächen in aller Munde waren. Sie kommen aus allen Schichten, verfügen über außergewöhnliche Fähigkeiten, haben Fehler und Schwächen. Eines haben Originale gemeinsam: Sie sind Kinder ihrer Zeit, geboren und aufgewachsen im 18. und 19. Jahrhundert, als Köln noch überschaubar war."(Köln hatte damals ca. 53.000 Einwohner)

Mit diesem Buch hat *Reinold Louis* den *kölschen Originalen* der Vergangenheit ein immer während es Denkmal gesetzt und zur Unvergesslichkeit in Köln verholfen.

Kölsche Originale aus diesen Zeiten waren, um nur einige zu nennen:

Maler Bock, Orgels Palm, Fressklütsch, Böckderöck Wau Wau, Fleuten Arnöldche, Lehrer Welsch, Schutzmann Streukoche, Gecke Schröder, Franz Millowitsch.

Tünnes und Schäl waren keine Originale, sondern sind Figuren aus dem Kölner Hänneschen Theater, welche die typischen Eigenschaften der Kölner darstellen.

1.2. Wer ist ein *kölsches Original* der Gegenwart?

Die Zeit geht weiter, über das 20. Jahrhundert in die heutige Zeit des 21. Jahrhunderts.

Köln wächst und wird zur Millionenstadt. Die Anzahl der *kölschen Originale* ist im Verhältnis zur damaligen Bevölkerung nicht mehr so hoch. (Köln hat eine Million Einwohner)

Zu den *kölschen Originalen* gehören

Willi Ostermann, Müllers Aap, Vier Botze, Klaus der Geiger, Willy Millowitsch, Hermann Götting, Hans Süper, Bläck Fööss, Höhner, Orgels Pitter, Hans Imhoff, Franz-Josef Antwerpes, Peter Heinrichs

und viele mehr, um auch hier nur einige genannt zu haben.

1.3. Warum kann Peter Heinrichs als *kölsches Original* angesehen werden?

Peter Heinrichs trat nach dem Tode seines Vaters *Peter Heinrichs sen., Pfeifen Heinrichs,* 1962 im Alter von 15 Jahren in die Fußstapfen seines Vaters.

Der von Peter hochverehrte Vater, „ne ech kölsche Jung", galt schon zu seinen Lebzeiten als *kölsches Original.* Hatte er doch mit seinem Bruder Leo gemeinsam seit 1925, dem Todesjahr des Vaters Nikolas Jakob, bis Kriegsbeginn 1939, dann in den Kriegsjahren alleine und anschließend wieder mit seinem Bruder Leo gemeinsam, die Geschicke der Firma *Pfeifen Heinrichs* in Köln gelenkt. Wer diese Zeiten erlebt hat oder den späteren Erzählungen *Peter Heinrichs sen.* gelauscht hat, weiß, was man alles tun musste, um eben in diesen Zeiten gemeinsam am Leben zu bleiben.

Den kölschen Ausspruch, „Man kennt sich, man hilft sich", hatte *Peter Heinrichs sen.* zur eigenen Lebensgrundlage gemacht und immer in Verbindung mit Tabak und Zigarren das „Überleben" im Griff gehabt. Wer etwas hatte, wer etwas konnte, war „König" und verhungerte nicht.

Peter Heinrichs, geboren am 17.04.1946 in Köln, wird von vielen Menschen aus verschiedensten Gründen als *kölsches Original* betitelt.

Die Grundlagen hierfür hatte er bestimmt schon im Laufe seines jungen Lebens von seinem Vater *Peter Heinrichs sen.,* seinem großen Vorbild, gelernt. Eine Grundlage schuf Peter sich selbst durch seine nimmermüde Geschäftstätigkeit, die sich im Kölner Umfeld und auch international über Jahrzente entwickelt hatte und auch heute weit über seine Heimatstadt hinausgeht.

„Vor Peter sind alle Freunde gleich". (Quelle Interview PH)

Viele kennen ihn persönlich oder aus den Medien, wie man heute so schön sagt, wenn jemand Zeitung liest, Radio hört oder fernsieht.

Ein weiterer Grund ist sein großes Engagement für sozial Schwache in Köln. Obwohl Peter in der weiten Welt zu Hause ist, möchte er in seiner Heimatstadt Köln helfen und Not lindern ohne groß darüber zu reden.

Sein soziales Engagement zeigt sich vor allem in seinen verschiedenen Spenden und Sponsorentätigkeiten in seiner Heimatstadt Köln.

Spenden statt Geschenke:

v.l.n.r. *Gertrud und Peter Heinrichs*, Schuldirektor *Karl Becker* und Lehrerin *Claudia Gröbe*

Zu seinem 50. Geburtstag fragte sich Peter Heinrichs immer wieder, was soll ich meinen Freunden und Gästen auf deren Frage, *„Peter, was wünschst du dir?"*, antworten. Auf keinen Fall wollte er mit Geschenken überhäuft werden.

Volker Gröbe, Freund und einstiger Leiter der „Akademie för uns kölsche Sproch" (1983-1997), brachte ihn auf die Idee, Geldgeschenke als Spende an die Schule „Kaygass" weiterzugeben. *Volker Gröbes* Ehefrau, *Claudia Gröbe*, arbeitete zu dieser Zeit dort als Lehrerin und plante einen Schüleraustausch mit einer italienischen Partnerschule in Turin. Die „Kaygass" hatte bereits einen hohen Bekanntheitsgrad in Köln durch den Karnevalsschlager „En der Kaygass Nummer Null...". Peter nahm diese Idee dankbar auf und wünschte sich Geldgeschenke. Nach Abschluss aller Feierlichkeiten konnten 4.000 Mark an die Schule weitergereicht werden. Gesagt, getan. Nach Rückkehr der Schüler aus Italien erfuhr man, dass der Schüleraustausch sehr erfolgreich verlaufen sei und Geld genug vorhanden war.

Schon seit Wochen wird gratuliert

Peter Heinrichs feiert seinen 50. ausgiebig

K.-ST.-A 03.05.1996

Er kommt derzeit aus dem Feiern kaum noch raus. „So gut einen Monat geht das schon rund", sagt **Peter Heinrichs**, Chef vom „Haus der 10 000 Pfeifen". „Aber ich feiere eben sehr gerne." Und zu seinem 50. Geburtstag durfte es schon etwas mehr sein. Die Partys stiegen in seiner Privatwohnung, im Chateau Henri in Niederaußem, bei Bekannten und in seinen Lieblings-Restaurants. Rund 1500 Freunde und Kunden waren insgesamt dabei, darunter auch prominente Pfeifen-raucher der Stadt wie Regierungspräsident **Franz-Josef Antwerpes** und **Volker Gröbe**, der Baas der Kölsch-Akademie. Statt eines Gabentisches hatte Heinrichs eine Sammelbüchse aufgestellt. Vom Erlös gehen 10 000 Mark an die Aids-Hilfe, 3000 Mark an die Kinderstation der Uniklinik und 4000 Mark an die Hauptschule Großer Griechenmarkt. Mit dieser Finanzspritze können die Pänz aus der Kayjaß zu ihrer Partnerschule nach Turin reisen.

Der Verein „Der Sack e.V.", an dessen Gründung Peter beteiligt war, lag ihm besonders am Herzen. Diese Vereinigung entstand aufgrund der Initiative von

Ernst Mommertz, dem Vorsitzender des Vereins. Mittlerweile werden in 12 kirchlichen Gemeinden 3.500 Bedürftige und in 15 Kindergärten 850 Kinder mit Lebensmitteln versorgt. Weitere Bedürftige kamen noch hinzu, frei nach dem Prinzip „Hilfe zur Selbsthilfe".

Sein Engagement für diese Bedürftigen begründete Peter Heinrichs wie folgt:

„Wir haben für das Elend vor der Tür und nicht in Ghana oder in Australien zu sorgen. Ich spende direkt da, wo ich weiß, dass es ankommt. Nach dem Motto: Wenn du dich anständig benimmst, bist du göttlicher als du denkst." (Quelle PH Interview)

Der Leitspruch des Vereines „Der Sack e.V." Köln lautet:

"Ov ärm, ov rich, et Levve es nit für all Minsche jlich.
Zeicht dat ehr och deile könnt, un einer däm andere och jet jönnt."
(Quelle Website des Vereins)

„Der Sack e.V." ist Träger des Kölner Ehrenamtspreises „KölnEngagiert 2004"

Finanzielle Unterstützung erhält ebenfalls die Kölner Blinden-Tandem-Gruppe „Weiße Speiche e.V.".

Peter erzählt hier, was er bei einer Ausfahrt im Jahre 1991 als Tandem-Pilot mit seinem blinden Freund *Josef Esser* (*1942), einmal erlebt hat:

„Wir fuhren mit seinem Tandem durch Köln, und als wir einmal mit einem Passanten zusammenstießen, rief der uns empört nach: „Seid ihr blind?". Daraufhin antwortete der blinde Josef von hinten „Nein, nur ich". (Quelle PH Interview)

Die Siegespokale, Beweise erfolgreicher radsportlicher Aktivitäten der Blinden-Tandem-Gruppe sind heute noch im Museum Peter Heinrichs in Niederaußem ausgestellt und zu besichtigen

Peter Heinrichs mit seinem Freund *Josef Esser*

Eine weitere Sponsorentätigkeit Peters kommt dem Kölner Zoo zugute, wo er die Patenschaft für eine dort lebende Tierart - die Zwergseidenäffchen - übernommen hat. Das Zwergseidenäffchen ist mit etwa 100 Gramm einer der kleinsten Affen der Welt. Er ist im Wesentlichen in Südamerika beheimatet und lebt in Familiengruppen mit bis zu zehn Tieren.

(Quelle „Ein Besuch im Zoo" Herausgeber Aktiengesellschaft Zoologischer Garten Köln)

Peter Heinrichs ist Mitglied im „Bund katholischer Unternehmer". Er wurde in diese Vereinigung aufgenommen, nachdem er 1996 den Deutschen Handelspreis als bester Einzelhändler erhalten hatte.

Die Aufzählung weiterer Engagements von Peter Heinrichs könnte man noch lange fortsetzen, wäre aber nicht in seinem Sinne.

Auf die Frage, was ein *kölsches Original* ist, hat Peter Heinrichs selbst einen Hinweis gegeben. Er sagte im persönlichen Interview: *„Jeder Mensch ist einzigartig auf diesem Planeten."* Das bedeutet: Jeder ist einmalig, jeder ein Original. Und da Peter ein Mensch ist, ist er ein Original. Und da er auch noch Kölner ist, ist er ein kölsches Original. Logisch!

Das ist eine genauso zutreffende wie einfache Definition eines *kölschen Originals*, die der von *Reinold Louis* nicht nachsteht, eine typisch kölsche Definition eben. Insofern ist es zumindest aus diesem Grund berechtigt, Peter Heinrichs in den Kreis der *kölschen Originale* des 21. Jahrhunderts mit einzubeziehen, wenn es nicht noch weitere Eigenschaften gäbe wie zum Beispiel seinen Humor, seine Fähigkeit, Dinge, die ihn stören beim Namen zu nennen, auf Missstände hinzuweisen (siehe Interview: Was er sich für seine Heimatstadt Köln wünscht), Kritik zu äußern - ohne persönlich zu verletzen, sich da einzusetzen, wo er die Notwendigkeit sieht – nämlich vor Ort in Köln – und ohne viel darüber zu reden sowie seine Fähigkeit, auf Menschen zuzugehen und sie in ihrer Einzigartigkeit zu respektieren ohne sie zu hofieren. Dies alles nach dem Motto: Jeder Jeck ist anders, und jeck sind sie alle ein bisschen.

Wie so manches *kölsche Original* lebt auch Peter Heinrichs nach dem *kölschen Grundgesetz*.

Bei der Bewältigung von schwierigen Situationen stellt sich doch immer wieder heraus: „Et hät noch immer god gegange!", sei es der schwere Unfall in Spanien, der ihn und seine Familie wieder in die Heimatstadt zurück geführt hat, seien es die Streitigkeiten mit den Vettern, die ihm bei den Kölnern eine gehörige Portion Bekanntheit eingebracht haben.

Hätte er sich jedoch an den Artikel „Kenne mer nit, bruche mer nit, fott domet!" gehalten, dann gäbe es heute kein Pfeifenmuseum im „Château Henri" in Niederaußem.

Lassen wir zum Schluss dieses Kapitels Peter Heinrichs selbst zu Wort kommen:

„Warum ich als kölsches Original bezeichnet werde? Bestimmt, weil ich die Mentalität der Kölner auslebe und sie widerspiegele. Weil ich auf die Menschen eingehe. Wenn zu mir einer ins Geschäft kommt, dann sage ich nicht wie die Leute anderswo „Guten Tag, was kann ich für Sie tun", sondern „Guten Tag,

kann ich Euch helfen?" Diese in Kölsch geführte Ansprache macht den Unterschied, und ich mach damit deutlich: *„Ich will helfen".* Dadurch fühlt sich jeder in Köln heimisch. - Auch wenn man in Köln in einer Kneipe steht, ist man nicht lange allein; gleich wird man angesprochen: *„Wer biste, wie heißte, wat kannste?".* Der Kölner geht auf die Leute zu. Seine Liebenswürdigkeit ist nicht rheinisch, sondern kölsch. Entgegen der Meinung vieler Leute ist der Kölner kein Karnevalist. Er feiert, wenn überhaupt, nur 5 Tage, die restlichen 360 Tage sind harte Arbeit. " (Quelle PH Interview)

Bleiben wir gespannt, denn im weiteren Verlauf dieser Arbeit werden wir noch vielen Eigenschaften und Begebenheiten von Peter Heinrichs begegnen.

2. Peter Heinrichs: Familien-Historie *Pfeifen Heinrichs* Köln

2.1. Erste Generation und Unternehmensgründung - Die Großeltern

1908 eröffnete *Nikolas Jakob Heinrichs,* verheiratet mit *Maria Theresa Eleonora Katharina, geb. Lenz,* seinen ersten Pfeifen- und Tabakwarenladen in der Marzellenstraße in Köln (von 1900-1919 auch Cöln geschrieben) unmittelbar in der Nähe des Doms. Die Kölner begrüßten es sehr, nun ihre Pfeifen, Zigarren und ihren Tabakwarenbedarf bei *Pfeifen-Heinrichs* einkaufen zu können.

Nikolas Jakob, schnell bekannt unter dem Namen *Pfeifen-Heinrichs,* ging noch lange Zeit seiner erlernten Tätigkeit, der eines Kopfschlachters im Kölner Schlachthof nach, wo er nach einem tragischen Arbeitsunfall zum Pflegefall wurde. *Theresia Heinrichs* bediente die Kunden fachmännisch, zuvorkommend und festigte in dieser Zeit seinen in Köln und Umgebung immer bekannter werdenden Namen in der Tabakwarenbranche.

Die beiden in Köln-Ehrenfeld geborenen Söhne, Peter (*08.12.1908, nun immer *Peter Heinrichs sen.* genannt) und Leo Heinrichs sen. (*1910), halfen nach erfolgreichem Schulabschluss und erfolgreicher Ausbildung zum Kaufmann bereits im Laden aus. Sie teilten sich die Arbeit im Hauptgeschäft und den zwischenzeitlich hinzugekommenen Filialen in der Machabäerstraße und in der Komödienstraße.

Auf Betreiben der Brüder kam es dann zur Gründung eines Tabakwarengroßhandels am Heumarkt. Die Leitung dieses neuen Geschäftsbereiches wurde sogleich von den beiden wahrgenommen und zwar unter Beibehaltung der bisherigen Arbeiten im Laden.

Pfeifen Heinrichs in den dreißiger Jahren in der Markmannsgasse / Ecke Heumarkt

Nach dem Tode des Vaters Nikolas Jakob im Jahre 1925 übernahmen *Peter Heinrichs sen.* und *Leo Heinrichs sen.,* neben ihrer Mutter Theresa, den jetzt schon zur Marke gewordenen Namen *Pfeifen Heinrichs* sowie alle Geschäfte. 1939 beendete der Krieg alle geschäftlichen Tätigkeiten an der Marzellenstraße und den Filialen.

Theresa Heinrichs, jahrelang die Seele des Geschäfts, verstarb im Jahre 1943.

2.2. Zweite Unternehmensgeneration - Die Eltern

Nach dem Tode *Nikolas Jakob Heinrichs* im Jahre 1925 führten die Brüder Peter (nun 17jährig) und Leo (15jährig) die Geschäfte *Pfeifen-Heinrichs* fort.

Bis zum Beginn des 2. Weltkriegs hatten *Peter Heinrichs sen.* und *Leo Heinrichs sen.* es verstanden, ihre Geschäfte erfolgreich zu führen. Im gleichen Jahr jedoch kamen der Pfeifen- und Tabakwarenhandel an der Marzellenstraße sowie der Verkauf in den anderen Filialen zum Erliegen - die Geschäfte wurden geschlossen.

Peter Heinrichs sen. heiratete 1939 *Anne Finke* (* 1916).

Sie befanden sich in schweren Zeiten und mussten sich mehr schlecht als recht mit kleinen Handelsaktivitäten, auf Kölsch „klüngeln", durch die Kriegszeiten schlagen.

Zwei Mädchen kamen in der Zeit von 1940 bis 1943 auf die Welt: Karin (*1940) und Brigitte (*1943).

Peter (*17.04.1946) in Köln-Sülz und Änne (*1948) sollten später dann noch folgen.

Auch *Peter Heinrichs sen.* wurde zu Beginn des Krieges zum Militärdienst eingezogen und in einer Schreibstube eingesetzt. Aus gesundheitlichen Gründen und wegen mangelnder Tauglichkeit für den Militärdienst wurde er aber auch schnell wieder entlassen. Da *Peter Heinrichs sen.* mit jeglicher Art von Kriegsmaschinerie und Soldatentum nichts im Sinne hatte, Tabak und Zigaretten aber gerade beim Militär mit an oberster Stelle auf der Einkaufsliste standen, nahm er die nicht ganz ungefährliche Herausforderung des Handels auf „kölsche Art" an. Das sollte die ganze Kriegszeit so bleiben und auch danach nicht anders werden.

Wie auch immer es ihm gelang, ob dank der vielen Kontakte zur Kölner, später auch zur Bonner Politik oder zu den vielen Freunden und der Kölner „Prominenz", also zum kompletten Kreis des „Klüngels" dieser Zeit, er verstand es, sein Kaufmanns-Geschick mit dem „Klüngel" erfolgreich zu kombinieren.

Bei Behördengängen oder beim Besuch wichtiger „Persönlichkeiten" sah man *Peter Heinrichs sen.* nie ohne eine Zigarrenkiste unter dem Arm.

Auch wenn *Peter Heinrichs sen.* zu dieser Zeit kein Ladenlokal besaß, er war trotzdem „immer im Geschäft" und konnte jederzeit Tabak und Zigaretten liefern.

Das alles war natürlich von großer Bedeutung, um seine im Kriege angewachsene Familie von nunmehr 4 Personen ernähren zu können.

Viele Jahre später hat er einmal zu seinem Sohn Peter gesagt:

„Peter, das Schlimmste was es gibt, ist Hunger. Sorge immer dafür, dass du genug zu essen hast. Das ist das Wichtigste im Leben überhaupt, wichtiger noch als alles andere. Denn wenn du hungern musst, dann bist du mitunter gezwungen, Dinge zu tun, die du unter normalen Umständen vielleicht nie tun würdest. " (Quelle PH Interview)

Peter hatte es verstanden und sollte es nie wieder in seinem Leben vergessen.

Köln war in den Jahren 1942 bis 1945 durch schwere Bombenangriffe fast total zerstört worden. Obwohl, wie schon erwähnt, *Peter Heinrichs sen.* nichts mehr mit dem Dienst in der Wehrmacht oder in anderen Gruppen zu tun hatte, zwangen ihn die Nationalsozialisten, praktisch in den letzten Kriegstagen per Aufruf ohne gesetzliche Grundlagen zum „Volkssturm", um den „Heimatboden" des Vaterlandes zu verteidigen. In dieser wirren Zeit der letzten Kriegstage war es lebensgefährlich, sich diesen Aufrufen zu widersetzen. Dabei gab es nach den vielen Bombenangriffen nichts mehr zu verteidigen. Die kurz nach dem letzten - alles zerstörenden Bombenangriff - einmarschierenden Amerikaner fanden keinen Stein mehr auf dem anderen, und es ist der Willkür einzelner verstörter und fanatischer Nationalsozialisten zuzuschreiben, dass es immer noch kriegerische Handlungen in Köln gab. Bei der Gefangennahme eines GI in Köln-Königsforst durch Peters Einheit, erklärte sich *Peter Heinrichs sen.* bereit, die durch die Befehlshaber dieser kleinen Einheit beschlossene Erschießung des GI durchzuführen. Er führte ihn in den Königsforst und bedeutete ihm abzuhauen. Das alles geschah unter größter Lebensgefahr für *Peter Heinrichs sen.*

Auf späteres Befragen seines Vaters erhielt Peter die Antwort:

„In einem solchen Moment denkst du an gar nichts, du weißt nur, dass du eine solche Tat nicht begehen kannst, weil sich so etwas nicht mit deinem Gewissen vereinbaren lässt. Folglich denkst du in einem solchen Moment auch nicht an mögliche Konsequenzen. Du bist nur ganz sicher, ich habe nicht das Recht, einen Menschen einfach zu töten; vor allem das nicht von Gott gegebene Recht, einen Menschen zu töten.“ (Quelle PH Interview)

Peter Heinrichs sen. sollte noch mehrere Gelegenheiten in seinem Leben erhalten, unter eigener Lebensgefahr sich menschlich zu betätigen, indem er mehrere jüdische Mitbürger uneigennützig bei ihrer Flucht nach London unterstützte.

Auch hierzu erhielt Peter später die bescheidene Antwort seines Vaters:

„Ach Junge, es sind immer die anderen, die einen zum Helden machen. Sich selbst sieht man nicht als Überfigur. Man handelt stets so, weil man meint, so und nicht anders handeln zu müssen. Das Beste ist, seinem Gefühl zu folgen. Dem kannst du blind vertrauen, denn dein Gefühl wird von deinem Gewissen geleitet. Natürlich musst du in geschäftlichen Dingen deinen Verstand einschalten, aber auch der wird immer von deinem Gewissen gelenkt. Deswegen kam ich auch nie mit den Braunhemden zurecht“. (Quelle PH Interview)

Wollte Peter dann noch etwas mehr von seinem Vater erfahren, antwortete dieser in der Regel:

„Ein andermal. Komm, es ist an der Zeit essen zu gehen. (Quelle PH Interview)

Ein weiterer Rat seines Vaters betraf sein späteres Leben. Wenn Peter wieder einmal wegen seines beträchtlichen Gewichtes und Leibesumfanges gehänselt wurde, erinnerte er sich sofort an die ihm gegenüber immer wohlwollenden Worte seines Vaters *Peter Heinrichs sen.* und es wurde ihm direkt besser:

„Jung, do wees ens dönn, ävver die Blödheit vun denne andere, die bliv bestonn!"

„Junge, Du wirst später mal dünn, aber die Blödheit der anderen bleibt bestehen!"
(Quelle PH Interview)

Nach dem Krieg - Köln war vollkommen zerstört - begann auch die Zeit des Schwarzmarktes. Wer etwas zu handeln hatte, war glücklich dran, aber an eine Wiedereröffnung des damaligen Tabakwarengeschäftes am Kölner Heumarkt durch die Brüder *Peter Heinrichs sen.* und Leo war wegen der Zerstörungen noch nicht zu denken.

Den Hunger zu bewältigen und im Winter der Kälte möglichst zu entgehen, wurde in diesen Jahren vielen Kölnern zwangsläufig zur Hauptaufgabe ihres Alltagslebens. Den Zuspruch der katholischen Kirche bekamen sie indirekt von *Josef Kardinal Frings*, der in seiner Silvesterpredigt 1946 auf die große Not und die schlechte Versorgungslage der Menschen einging. Plünderungen von Kohlenzügen waren an der Tagesordnung, die Diebstähle nahmen zu. Ein Auszug aus seiner Predigt erreicht im Schnellverfahren die Aufmerksamkeit der Kölner Bürger:

„Wir leben in Zeiten, da in der Not auch der Einzelne das wird nehmen dürfen, was er zur Erhaltung seines Lebens und seiner Gesundheit notwendig hat, wenn er es auf andere Weise nicht erlangen kann. Aber ich glaube, dass in vielen Fällen weit darüber hinausgegangen worden ist. Und da gibt es nur einen Weg: Unverzüglich unrechtes Gut zurückgeben, sonst gibt es keine Verzeihung bei Gott." (Quelle Wikipedia)

Den ersten Teil dieser Worte legten die Menschen typisch kölsch aus und schlossen aus den Worten des Erzbischofes, das der Mundraub und auch der Kohlenklau mit kirchlichem Segen und von ganz oben erlaubt sei. Sie verhielten sich auch entsprechend. Der zweite Teil der Ansprache geriet schnell in Vergessenheit. Für ihr Tun war auch sehr schnell das Wort „fringsen" gefunden worden.

In dieser, von den Kölner „de schläächte Zigg" benannten Zeit, erhielt *Peter Heinrichs sen.* als erster Kölner Tabakwarenhändler von der seinerzeitigen britischen Militärregierung in Köln die Konzession, mit Tabakwaren handeln zu dürfen. Hierzu ist besonders zu erwähnen, dass eine US-Kommission, Standort in Köln-Königsforst, unter Leitung des von *Peter Heinrichs sen.* in den letzten Kriegstagen geretteten US-Offiziers, daran maßgeblichen Anteil gehabt hatte.

Leo Heinrichs sen. vor dem Geschäft Markmannsgasse

Nun musste Tabak her, und Not macht bekanntlich erfinderisch. So zog *Peter Heinrichs sen.* mit Tabaksamen durch die Straßen und besuchte Freunde mit Balkon und Kleingärten und überredete sie, den Tabaksamen einzupflanzen. Da Tabak in Rekordschnelle wächst, konnten schon nach drei bis vier Monaten die ersten Kölner Tabakpflanzen geerntet werden. *Peter Heinrichs sen.* sammelte alles ein und fuhr nach Lübeck zur *Tabakfabrik Joh. Wilh. von Eicken,* um aus diesem „Kölner Tabak" wertvolle Handelsware herstellen zu lassen. Bei der nächsten Lieferung geernteter Tabakpflanzen war es für *Peter Heinrichs sen.* dann möglich, die erste Lieferung fertiger Zigaretten aus Lübeck mitzunehmen. Die Verteilung erfolgte dann zu Hause: ein kleinerer Anteil ging an die „Kölner Tabakbauern", der größere Anteil in den neu initiierten sogenannten „Kölner Zigaretten-Markt". Dieser sollte von da an immer umfangreicher und profitabler werden.

„Peter Heinrichs sen. handelte stets nach dem zu dieser Zeit weit verbreitetem Geschäftsprinzip, dass „nur Bares auch Wahres ist". Nach der Währungsreform 1948 und nachdem die Läden wieder voll waren, brach dieser „Kölner Zigaretten-Markt" dann auch schnell wieder zusammen". (Quelle PH Interview))

Nach zwei Töchtern brachte *Anne Heinrichs* am 17.04.1946 einen gesunden Jungen (auf ausdrücklichen Wunsch *Peter Heinrichs sen.* sollte es dieses Mal ein Petermann werden) auf die Welt. Seine Eltern gaben ihm den Namen Peter.

„Chauffeur" *Josef Bachirt,* einer der großen Kölner Ford-Händler der Nachkriegszeit und Freund der Familie, holte Mutter und Sohn mit Rosen und Auto aus dem Krankenhaus ab.

Die Eltern ließen ihren Sohn Peter am 04.05.1946 in Köln-Sülz römisch-katholisch taufen.

E 1

Geburtsurkunde

(Standesamt *Köln I*   Nr. *1086*)

Peter Leo Heinrichs

ist am *17. April 1946*

in *Köln-Sülz*   geboren.

Vater: *Ernst Peter Jakob Heinrichs,*

Kaufmann

Mutter: *Anna Heinrichs geborene*

Finke, beide wohnhaft in Köln-Sülz

Änderungen der Eintragung:

Köln, den *18. 4.* 19 *46*

Der Standesbeamte

In Vertretung *Kohr*

Änderungen der Eintragung in obiger Geburtsurkunde:

....

....

....

Eheschließung am................................ in ....

(Standesamt..................................... Nr. ....)

Tod am .... • in ....

(Standesamt..................................... Nr. ....)

11

Geburtsurkunde aus dem Familienstammbuch Peter Heinrichs

Der Bruder von *Peter Heinrichs sen.*, *Leo Heinrichs sen.*, war während des gesamten Krieges im Einsatz oder in Gefangenschaft. Erst 1947 war für die Brüder an die Neueröffnung eines gemeinsamen Tabakwarenfachgeschäftes zu denken.

Die Absicht wurde dann auch wahr, und man eröffnete in der Markmannsgasse unweit des Heumarkts, ein Tabakwarenfachgeschäft. Wenig später zog man auf die Ecke Heumarkt 46, Ecke Gürzenichstraße. Drumherum lag noch alles in Schutt Asche, auch der Gürzenich.

Das Geschäft *Pfeifen Heinrichs* nach dem Kriege am Heumarkt, Ecke Gürzenichstraße

Die Bürger Kölns machten sich an den Wiederaufbau ihrer Stadt. Einige mussten sich ihr Geld als Straßenmusikanten verdienen und so kam es, dass 1948 die kölsche Gruppe *„de Vier Botze"* mit *Hans Süper sen.*, Vater des unnachahmlichen Karnevalisten *Hans Süper, Hans Philipp Herrig, Jakob Ernst* und *Richard Engel*, Vater von *Tommy Engel*, dem ehemaligen Frontmann und Sänger der *„Bläck Fööss"*, heute selbstständiger Sänger kölscher Lieder, eigens für *„Pfeifen-Heinrichs"* ein Lied komponiert und getextet haben:

„Hööt ihr Lükche, wie et dät klinge
vun d'r gode aale Zick,
wo de Lämpche däte schinge,
doch die Zick kütt jetz zoröck.
Opp demm Gürzenich, do brenne jez widder
de Lämpsche, un se schinge su hell un su nett.
Un dämm Heinrichs sing wunderbare Finstere,
sin widder dekuriert un sauber un adrett.
Dann kumme de Lückche vun noh un fäns gelofe
kaufe Rauchwaren aller feinster Art.
Denn dä Pfeiffen Heinrichs, dä ess bekannt
für en prima Qualität en Stadt un Land.“

Pfeifen Heinrichs

alles für den Rauchgenuß

Köln

Fernruf 21 36 13

Reklameblatt ca. 1948 / Werbung für *Pfeifen Heinrichs*

Hört ihr Leute, wie es klingt
aus der guten alten Zeit,
wo die Lichter scheinen,
doch die Zeit kommt jetzt zurück.
Am Gürzenich brennen jetzt wieder
die Lichter, scheinen hell und schön.

Und des Heinrichs schöne Fenster
sind wieder dekoriert, sauber und adrett.
Dann kommen auch die Leute von nah und fern,
kaufen Rauchwaren der feinsten Art.
Denn der Pfeifen-Heinrichs ist bekannt
für beste Qualität in Stadt und Land

Langsam kehrte „Wohlstand" bei *Pfeifen-Heinrichs* ein. Neue Geschäftsideen wurden erfolgreich umgesetzt.

Um Kunden auf sich aufmerksam zu machen, entwickelte man kreative Werbeideen. Ratespiele wie z.B. „Wie viele Pfeifen sind im Fenster?", „Wer ist der älteste Pfeifenraucher rund um Köln?" mit den dazugehörenden Preisen wie „Tabakrente" oder „neue Pfeife", „Umtausch/Inzahlungnahme alte Pfeifen gegen neue", usw. Mittlerweile bestand bereits ein umfangreicher Kundenkreis in Deutschland und weit darüber hinaus.

In aller Welt aufgegebene Bestellungen, einfach adressiert an *Pfeifen-Heinrichs*, Köln, erreichten ihr Ziel.

Peter Heinrichs sen. im Geschäft„Das Tabakblatt" 1959 Autor und Bild: *Willy Berens*

Filialen wurden im Bogen der Hohenzollernbrücke und in der Komödienstraße (heutiges Verkehrsamt der Stadt Köln) eröffnet. Letztere wurde 1964 an Tochter Brigitte und ihren Ehemann *Dieter Beden* verkauft und unter dem Namen *Feuerzeugzentrale* weitergeführt.

Auch *Leo Heinrichs sen.* lebte gut, gönnte sich was, fuhr große Autos, hatte zwei Söhne: Ernst und Leo Friedrich.

Peter Heinrichs sen. konnte man es ansehen: Er aß gut und viel, er nahm täglich ein Pfund zu, rauchte dicke Zigarren, fuhr „Opel Kapitän" (andere Autos waren wegen seines Leibesumfanges mittlerweile zu klein) und fuhr feudal mit der Familie in Urlaub. Zwischenzeitliche Prüfungen der Finanzämter führten wegen Missverständnissen in der Buchhaltung zu Nachzahlungen. Das fand er überhaupt nicht gut. Peter erzählte später, dass er seinen Vater zum ersten Mal in seinem Leben richtig weinen sah. Die Steuerschulden wurden irgendwie bezahlt, keiner wusste wie. Die finanzielle Lage verbesserte sich danach wieder.

Peter Heinrichs sen. in „schweren" Zeiten mit Zigarre

Peter Heinrichs sen. mit dem Opel Kapitän 3.0 Liter auf Urlaubsreise

Zu allem Überfluss gewann *Peter Heinrichs sen.* in einem Jahr zweimal im Lotto, immer so eine halbe Million Mark, und meinte, alles sei normal: „Et kütt, wie et kütt".

Die Geschäfte *Pfeifen Heinrichs* gingen weiterhin gut. *Peter Heinrichs sen.* lebte über seine gesundheitlichen Verhältnisse. Der kölsche Leitspruch „Et hät noch immer god gegange" traf bei ihm nicht mehr länger zu. Kreislauf und Herz machten nicht mehr mit. *Peter Heinrichs sen.*, aus Köln, verstarb am 18.01.1962 im Alter von 54 Jahren.

Peter Heinrichs war zu dieser Zeit gerade erst 15 Jahre alt und befand sich im zweiten Lehrjahr.

2.3. Dritte Unternehmensgeneration - Onkel, Mutter, Peter, die Cousins Ernst und Leo

Nachdem *Peter Heinrichs sen.* 1962 verstorben war, hinterließ er ein beachtliches Vermögen. Er galt bereits zu Lebzeiten als reich und gehörte zu den angesehensten Bürgern von Köln. Er pflegte Kontakte und Freundschaften zu den wirklich wichtigen und auch selbsternannt wichtigen Personen dieser Stadt.

Der Tod des Vaters betrübte Peter sehr und neben aller Trauer kam die unvermeidliche Frage: *„Wie geht es nun weiter"*? (Quelle PH Interview)

Peter Heinrichs, gerade erst 15 Jahre alt, hatte die Volksschule in Köln-Sülz, Einhard Str., mit 13 Jahren hinter sich gebracht. Er war zu diesem Zeitpunkt schon zwei Jahre im Bereich des Tabakwarengroßhandels in der Ausbildung zum Groß-und Außenhandelskaufmann tätig.

Das Verhältnis des Azubis zu Onkel Leo war sehr gut und ausgewogen. So konnte Peter mit Genehmigung der Industrie- und Handelskammer Köln seine Lehre als Groß- und Außenhandelskaufmann in dem von Onkel Leo neu eröffneten Einzelhandelsgeschäft Martinstraße 16-20, gegenüber dem Gürzenich, erfolgreich abschließen.

Pfeifen Heinrichs 1962 an der Martinstraße 16-20, 2. v. l. Ernst Heinrichs, Leo Heinrichs sen. und *Gertrud Heinrichs*

Mutter Anne hatte aus dem Nachlass ihres Ehemannes *Peter Heinrichs sen.* einen großen Betrag in das Geschäft investiert. Peter und seine drei Schwestern gingen hierbei leer aus. Ansprüche geltend zu machen, kam für keines der Kinder in Frage. So etwas machte man einfach nicht in der Familie.

Aufgrund dieser Geldeinlage war es geplant, dass Peter nach Beendigung seiner Ausbildung gemeinsam mit den beiden Cousins Ernst und Leo Friedrich das Geschäft *Pfeifen Heinrichs* führen sollte.

Es fing anfangs auch gut an, Peter Heinrichs lernte schnell, Onkel Leo unterstützte ihn dabei sehr. Er zeigte ihm die Wege auf, die erforderlich waren, um das Geschäft überhaupt in der Zukunft führen zu können. Der Umgang mit den Kunden wurde ihm immer vertrauter und neben den vielen Kunden und Freunden von *Peter Heinrichs sen.* kamen nun auch Kontakte zu den Obrigkeiten der Stadt Köln und vielen gutsituierten Geschäftsleuten zustande. Die zentrale Lage und gute Erreichbarkeit des Geschäftes trugen dazu wesentlich bei.

Für den Werdegang Peters sollten die Erkenntnisse aus der umfangreichen Kundenbetreuung auf dem späteren Weg in die Selbstständigkeit sehr wichtig werden.

Im Geschäft kam es inzwischen immer häufiger zu Streitigkeiten mit den Cousins, meistens ging es um unterschiedliche Auffassungen. Zwistigkeiten bezüglich seiner geschäftlichen Vorstellungen bis hin zu persönlichen Beleidigungen Peters und seiner Freundin *Gertrud Bayer* machten das gemeinsame Leben unerträglich.

So kam es, dass die beiden Cousins Peter langsam aber sicher aus dem Geschäft *Pfeifen Heinrichs* in der Martinstraße „herauskegelten". Ernst und Leo Friedrich hatten im Hintergrund sehr stark gegen Peter gearbeitet, Mutter Anne und Onkel Leo waren nicht mehr in der Lage, das drohende Unheil in der Familie Heinrichs noch abzuwenden. Sie waren mittlerweile viel zu schwach geworden und nicht auf Peters Seite.

Peter Heinrichs zog hieraus die Konsequenzen. Er verließ 1963 im Alter von siebzehn Jahren das Unternehmen mit dem Ziel, sich selbstständig zu machen.

US- Präsident *John F. Kennedy* und Bundeskanzler *Konrad Adenauer* 1963 vor dem Geschäft *Pfeifen Heinrichs*

Das Tabakwarengeschäft *Pfeifen Heinrichs*, Martinstraße 16-20, wurde von Onkel Leo bis zu seinem Tod im Jahre 1974 von seinen Söhnen Ernst und Leo Friedrich und Peters Mutter Anne geführt.

1975 eröffnete Ernst ein Geschäft *Pfeifen Heinrichs* auf der Severinstraße. Das Geschäft *Pfeifen Heinrichs* Martinstraße lief unter der alleinigen Führung von Leo Friedrich immer schlechter und wurde zwischenzeitlich sogar geschlossen, bis Ernst sein Geschäft in der Severinstrasse 1978 verkaufte und in die Martinstraße zurückkehrte.

Das Geschäft wurde 1978 von *Ernst Heinrichs* wieder neu eröffnet und allein weitergeführt.

Cousin *Leo Friedrich* hat heute mit *Pfeifen Heinrichs* nichts mehr zu tun, er schied damals aus dem Unternehmen aus, zog sich zurück, heiratete und heißt heute *Leo Friedrich von Wittgenstein*.

Im Jahre 2003 wurde Peter Heinrichs von seinem Cousin *Ernst Heinrichs* das Geschäft in der Martinstraße gegenüber dem Kölner Gürzenich zum Kauf angeboten. Die beiden wurden sich einig: *Ernst Heinrichs* verkaufte am 12.03.2003 seinen Laden *Pfeifen Heinrichs* an seinen Cousin Peter Heinrichs.

Geschäft *Pfeifen Heinrichs*, Köln, Martinstraße unter neuer Regie Peter Heinrichs (2003-2009)

Der nunmehr zu Peter Heinrichs gehörende Laden *Pfeifen Heinrichs*, Martinstraße 16-20, wurde am 01.04.2003 nach umfangreichen Umbauten mit einem begehbaren Humidor ausgestattet und unter der Regie zweier seiner Schwiegersöhne neu eröffnet. Es kam endlich das zusammen, was von jeher - seit dem Tode *Peter Heinrichs sen.* - zusammengehörte. (Hierüber wird in Kapitel 5 - Peter Heinrichs als selbstständiger Einzelhändler - berichtet)

Nun war Peter Heinrichs mit der von seinem Vater geerbten Persönlichkeit und dem erfolgreichen Geschäft an der Hahnenstraße 2 zum wirklichen und alleinigen *Pfeifen Heinrichs* in Köln und weit darüber hinaus geworden.

Peter Heinrichs, vor einer Urkunde mit Bild seines Vaters, Mitgründer *Pfeifen Heinrichs* in Köln

Zu diesem Zeitpunkt wurde Peter schon lange von vielen Bürgern der Stadt Köln als ein *„kölsches Original"* angesehen. Er galt schon lange bei allen, die von ihm sprachen bzw. nach ihm fragten, als *Pfeifen Heinrichs*.

Ernst Heinrichs gab sich trotz bereits schwerster Erkrankung bei der Übergabe und Einarbeitung in sein ehemaliges Geschäft die allergrößte Mühe, Peters Töchter und Schwiegersöhne einzuarbeiten. Durch näheres Kennenlernen fand man sich zunehmend sympathisch und keiner konnte den Zwist der Vergangenheit mehr so recht verstehen.

So fragte Peter einmal seinen Cousin Ernst am Krankenbett: (Quelle Interview PH)

„Ernst, wie bescheuert waren wir eigentlich? Wir haben uns das Leben schwergemacht, haben uns vor Gericht getroffen, sind uns ansonsten aus dem Weg gegangen und warum? Geld ist nicht alles und mitnehmen kannst du nichts. Wir vergessen leider zu häufig, dass wir zuallererst dazu da sind um zu leben...". (Über den Hintergrund dieser Aussage wird in Kapitell 5. berichtet)

Es kam zur Versöhnung. Ernst verstarb nur wenige Monate nach dem Verkauf seines Ladens an Peter im Jahre 2003.

3. Peter Heinrichs als selbstständiger Tabakwaren-Großhändler

Peter Heinrichs, gelernter Groß- und Außenhandelskaufmann, machte sich 1963, ein Jahr nach dem Tode seines Vaters, in der gelernten Fachrichtung als Tabakwaren-Großhändler im Alter von 17 Jahren selbstständig. Um für seine Selbstständigkeit geschäftsfähig zu sein, hätte Peter volljährig sein müssen. Volljährig wäre er erst mit 21 Jahren gewesen, es sei denn, er fände ein Vormundschaftsgericht, das ihn nach Anhörung aller wichtigen Gründe für volljährig erklärte. So geschah es auch, und der Umsetzung seiner Geschäftsideen stand ab diesem Tag - bis auf die Finanzierung - nichts mehr im Wege.

Peter Heinrichs sen. hatte einmal zu ihm gesagt:

„Junge, wenn du eine Sache angehst, dann musst du an dich und an diese Sache glauben, musst du mit Herz und Seele und vollem Einsatz an die Umsetzung gehen – und dann musst du immer bestrebt sein, besser zu sein als die anderen. Mein Junge, wenn du diese Einstellung hast, gepaart mit Gottvertrauen, dann kommt der dafür notwendige Optimismus von alleine, dann wirst du schließlich auch das schaffen, was du dir vorgenommen hast". (Quelle PH Interview)

Peter Heinrichs machte es von Beginn seiner Selbstständigkeit bis zum heutigen Tage wahr, sich als ordentlicher Kaufmann zu verhalten, getreu den Leitsprüchen und Grundsätzen seines Vaters. Später sollte ihm dieses Verhalten immer wieder helfen, die Geschäfte erfolgreich weiter zu führen. Er sah sich als „Patrizier-Kaufmann", ganz im Sinne der Patrizierkaufleute vergangener Jahrhunderte, was im Wesentlichen auch dem Verhalten eines ordentlichen Kaufmanns entspricht: „Das einmal gegebene Wort gilt".

Die unschönen Erlebnisse und familiären Streitigkeiten aus dem familiären Stammgeschäft *Pfeifen Heinrichs* waren in dieser Zeit fast vergessen.

Im April 1962 hatte Peter die Modeverkäuferin *Gertrud Beyer* kennen gelernt. Er war noch in der Ausbildung und sie arbeitete bei „Monis Moden", einem Damenoberbekleidungsgeschäft genau gegenüber *Pfeifen-Heinrichs* in der Martinsstraße.

Der stark seinem Vater ähnelnde 200 Pfund schwere Junge hatte es ihr angetan, und es war so, dass eben auch hier „zusammen kam, was zusammen kommen sollte". Dass ihr dieser schwere 16jährige Junge so gut gefiel, beantwortete sie auf Befragen mit den Worten, *dass es so gewesen sei und heute noch immer so ist.* (Quelle Gertrud Heinrichs Interview)

In der beginnenden Phase der großen Anforderungen des neugegründeten Tabakwarengroßhandels verlobten sich Peter Heinrichs und *Gertrud Bayer*, Peter nannte sie immer liebevoll Trautchen. Zum Feiern war keine Zeit.

Auch Gertruds Brüder Walter und Willi und gelegentlich auch Peters Schwiegermutter waren bald „Tag und Nacht" für die Firma unterwegs.

Zitat Peter Heinrichs: *„Mit den 3.000 Mark selbstspartem Anfangskapital und dem alten Ford war im Tabakwaren-Großhandel nicht viel zu machen, andere Geldgeber mussten her".*

Peter Heinrichs nahm Kontakt auf mit einem alten Freund seines Vaters, dem jüdischen Privatbankier *Karl Götte*, der ihm 200.000 Mark Kredit gewährte, mit der Auflage einen Bürgen zu stellen. Ein ehemaliger jüdischer Freund seines Vaters, ein Kaffeehändler, stand Peter bei.

Der Tabak-Großhandel lief gut an. Um immer besser in den Markt zu kommen, war eine aggressive Preisgestaltung unumgänglich. Zwölf bis fünfzehn direkte Konkurrenten freuten sich überhaupt nicht. Viel Arbeit bahnte sich an, bester Service wurde geboten, 24 Stunden Dienst, rund um die Uhr.

Noch nannten die Konkurrenten den kleinen, lästigen Mitbewerber verächtlich „Rucksackgrossisten". Ware musste her, Kunden mussten her, Lieferfahrzeuge wurden angeschafft (15-20 Autos), Privatautos gab es nicht, alles und alle waren im Einsatz: Peter, Gertrud, Walter, Willi und Schwiegermutter waren mit hundert Prozent dabei, Privates musste zurückstehen.

Für die standesamtliche Hochzeit 1968 und sogar für die kirchliche Hochzeitsfeier ein Jahr später waren nur wenige Stunden vorgesehen - und ab ging es zurück zur Arbeit.

Standesamtliche Trauung Peter und *Gertrud Heinrichs* 1968

Die Firma wuchs eine ganze Zeit lang, wobei Peter Heinrichs sich mit täglichen Sabotagen an den Zigarettenautomaten, Aufbrüchen und Beschädigungen bis hin zum Diebstahl des kompletten Gerätes einschließlich der Ware beschäftigen musste.

Im Laufe der Zeit waren im Großraum Köln/Bonn, Bergisch Gladbach und Siegburg über 2500 Automaten verteilt und zu bestücken. Kunden wie die „Justizvollzugsanstalt Ossendorf" („Klingelpütz") und andere JVA's, Großunternehmen wie „Leybold Heraeus", „Klöckner Humboldt Deutz", die „Ford-Werke" sowie auch Bordelle und Kneipen gehörten zum festen Kundenstamm. Auch viele Automaten an Kölner Hauswänden wurden von Peter Heinrichs und seinen Mitarbeitern bestückt.

Einmal ergab sich für Peter Heinrichs eine Möglichkeit, seinen Teil zur Sicherheit der Gefangenenüberwachung in der JVA Ossendorf beizutragen. Um den Kassiber-Schmuggel in Verbindung mit Zigarettenpackungen in die JVA zu unterbinden, wurden die Automaten, die bisher vor den Sicherheitskontrollen aufgestellt waren, auf Peters Empfehlung hinter den Kontrolllinien aufgestellt.

Prominenteste Insassen waren zu dieser Zeit Mitglieder der „RAF-Baader-Meinhof–Bande", welche in einem „toten" Trakt der JVA Köln-Ossendorf untergebracht waren.

Peter Heinrichs genoss großes Vertrauen bei den Justizvollzugsbeamten der Kölner Justizvollzugsanstalt. Ein *kölsches Original* ging ein und aus im „Knast" und verbrachte seine Arbeitszeit damit, die Automaten mit Zigaretten zu bestücken. Das Geschäft lief gut, so dass ihn ein Journalist einmal fragte, wo er denn lieber sei, drinnen oder draußen?

Was konnte anderes von ihm kommen als: *„Ich bin doch lieber draußen wie drinnen".*

1970 wurde Tochter Tanja geboren, ein Jahr später Tochter Petra.

In den frühen siebziger Jahren kam Peter Heinrichs auf einem wunderlichen Weg zu einem Musikverlag. Aber der Reihe nach. Diese Einnahmequelle, die völlig im Gegensatz zu seinen damaligen Einnahmequellen stand, hatte den Hintergrund, dass er einer Frau, die mehrere Musikverlage besaß, bei einem finanziellen Engpass in ihren Unternehmungen helfen konnte. So kam es, dass sie von Peter Geld geliehen bekam. Weil ein Ende ihres finanziellen Engpasses wohl nicht absehbar war, überschrieb sie Peter einen ihrer Musikverlage. Durch die Übernahme wurde Peter Inhaber der Rechte an alten Hits und Melodien. Er meldete seinen Musikverlag unter „P.H. Musikverlag" bei der „GEMA" an. Auf den Rat des Verlagsvorbesitzers - des geschiedenen Ehemanns der Frau, eines Komponisten - flog er nach England und bot dort seine Melodien bei einem breit aufgestellten Musikverlag an. Dieser suchte für den bereits in Frankreich erfolgreichen Soft-Porno „Emmanuelle" einen Subverlag für den deutschsprachigen Raum. Sein Gespür für Geschäfte ließ Peter auch dieses Mal nicht im Stich. Er beteiligte sich an den Rechten im deutschsprachigen Raum und wartete auf den Erfolg. Dieser kam schneller als gedacht, und es flossen für eine gewisse Zeit höhere Beträge in seine Kasse. Die Musik zu „Emmanuelle" war schnell in den Charts vertreten.

Insbesondere die Tatsache, dass der Film zeitweise mit einem Aufführungsverbot belegt war, spornte die Musikliebhaber ganz besonders zum Plattenkauf an. Leider versiegte diese sprudelnde Geld-Quelle nach einiger Zeit. Ein paar Schlager noch, dann wurde es ruhiger im „P.H.-Musikverlag", den es übrigens heute noch gibt, und der immer noch kleinere Beträge über die „GEMA" für Peter Heinrichs einbringt.

Die Jahre des immer größeren persönlichen Einsatzes für den Tabak-Großhandel gingen 1974 in unerwarteter Form für Peter Heinrichs zu Ende. Mit den Herren *Manfred und Heinz Grünewald* tauchten Interessenten für seinen Tabak-Großhandel auf. Die beiden kauften zu dieser Zeit mit ihrem Unternehmen „Tobaccoland" (gegr. 1974), einen Tabakwaren-Großhandel nach dem anderen auf. Sie unterbreiteten Peter Heinrichs ein so großzügiges Angebot, dass er und seine Frau Gertrud einfach nicht widerstehen konnten und wollten. Das führte zu einer schnellen Einigung über den Preis, und die Formalitäten der Übergabe gingen zügig über die Bühne.

4. Peter Heinrichs auf dem Weg nach Spanien

Mit dem Verkauf seines Tabakwaren-Großhandels hatten Peter Heinrichs und „sein Trautchen" 1974 an sich finanziell ausgesorgt. „Die Heinrichs" waren mit einem Schlag vermögend. Was lag nach den vielen Jahren der Freizeitentbehrungen näher, als erst einmal für eine längere Zeit in Urlaub zu fahren. Gesagt, getan. Mit einem „Ford Granada 3.0 Liter" und überlangem Wohnwagen fuhr Peter der Sonne entgegen ins spanische Marbella. Kurze Zeit später flog seine Frau mit den beiden Töchtern nach. Das Leben im Wohnwagen ließ sich so gut an, dass der bereits zuvor geplanten Absicht, für immer in Spanien zu bleiben, nichts im Wege stand. Die Idee für die zukünftige Existenzgrundlage war geboren: eine „Super-Discothek" an der Costa del Sol sollte es werden. Ein entsprechend großes Grundstück wurde gefunden, der Preis belief sich auf einhunderttausend Mark. Nach Abwicklung und Zahlung aller Forderungen, einschließlich derer der spanischen Behörden, konnte mit der Erschließung des Grundstücks begonnen werden.

Ausschlafen, jeden Tag Sonnenschein, verträgliche „Spanische Küche", was wollte man mehr? Ein Traum!

„Natürlich" konnte das mit dem aus der Vergangenheit bekannt umtriebigen Peter Heinrichs auf Dauer nicht gut gehen. Dieser selbst auferlegte Urlaub dauerte. Peter war einfach nicht ausgelastet, denn er konnte einfach nicht ohne Arbeit sein. Die Langeweile übermannte ihn. Das Heimweh nach Köln begann sich zu regen, der Umgang mit Kölnern und alles was mit Köln zu tun hat, fehlte ihm auf Dauer. Was fehlte ihm an Köln? Eines ist gewiss, ganz sicher nicht das Bier, denn Peter war und ist strikter Anti-Alkoholiker. Aber was war es dann genau? Wie lange hält es ein *kölsches Original* in der Ferne aus? Ein familiärer Schicksalsschlag, verursacht durch einen schweren Verkehrsunfall, lässt diese Frage unbeantwortet. Die Frage war im Jahr 1974 mit einem Schlag unwichtig geworden. Die spanische Küstenstraße wurde ihnen zum Verhängnis, Familie Heinrichs wurde in einen schweren Unfall verwickelt. Gertrud, Peter und Tochter Petra kamen glimpflich davon, aber die ältere Tochter Tanja erlitt schwerste Verletzungen und wurde sofort nach den Untersuchungen in einem spanischen Krankenhaus in eine Kölner Klinik geflogen. Gertrud mit Tochter Petra begleiteten sie in die Heimat. Tanja verbrachte in Köln bis zu ihrer Genesung mehrere Monate im Krankenhaus (Anmerkung: Wir wissen heute, dass es ihr wieder gut geht).

Der Spanien-Traum war zum Alptraum geworden und vorbei.

Peter blieb zunächst in Marbella zurück. Da der Wagen bei dem Unfall einen Totalschaden erlitten hatte, sollte Einfuhrzoll in Spanien entrichtet werden. Das gefiel Peter überhaupt nicht und so ließ er den Unfallwagen und mit ihm seine spanischen Träume kurzerhand auf dem Grundstück vergraben. Das Grundstück wurde verkauft. Nur den unbeschädigten Wohnwagen, das mobile Heim der Heinrichs in Spanien, zog er mit einem zuvor neu gekauften Wagen wieder zurück nach Köln. In der kleinen Gemeinde Büsdorf, im Rhein-Erft-Kreis kaufte Peter Heinrichs einen Bungalow (1974) und schuf der Familie ein neues Zuhause in der alten Heimat.

5. Peter Heinrichs als selbstständiger Tabakwaren-Einzelhändler

Das Kapitel Spanien war abgeschlossen. Durch den Verkauf des Tabakwaren-Großhandels im Jahre 1974 hatte die Familie Peter Heinrichs auch nach der Rückkehr keine finanziellen Sorgen. Peter lernte seine alte Heimat aufs Neue und in einer ganz anderen Form kennen. Er arbeitete noch nicht, hatte viel Freizeit und fuhr fast immer mit dem Fahrrad umher. Bald kannte er jeden Weg im Kölner Umland. Doch es war an der Zeit wieder beruflich aktiv zu werden. Zwischenjobs wie Lkw-Fahren, Botenfahrten, Englisch-Kurse etc. brachten aber nicht die Erfüllung. Peter suchte eine langfristige berufliche Herausforderung für sein zukünftiges Leben in Köln.

Sein Schwager *Dieter Beden*, welcher *Peter Heinrichs sen.* das Geschäft *Pfeifen Heinrichs* in der Komödienstraße, die spätere „Feuerzeugzentrale", abgekauft hatte, riet ihm dazu, sich doch wieder mit einem Tabakwaren-Fachgeschäft selbstständig zu machen, also in einem für Peter altbekanntem Bereich des Tabakwarenfachhandels.

Ein neues Pfeifengeschäft für „den" *Pfeifen-Heinrichs* aus Köln musste her, natürlich in Köln, wenn möglich in zentraler Lage. Und wer Peter kannte, wusste, für Peter war es genauso wichtig: „Bitte nicht zu teuer!"

Der Standort war schnell gefunden. Peter hatte ihn schon im Laufe des Jahres 1974 mehr oder weniger bewusst bei seinem täglichen Radeln durch die Stadtmitte in der Hahnenstraße, unweit vom Neumarkt, auf dem Territorium der romanischen Kirche St. Aposteln aus dem 11. Jahrhundert, bemerkt.

Postkarte Lambertin - Luftaufnahme der Basilika St. Aposteln, Geschäft PH Hahnenstraße am unteren Bildrand

Eigentümer und Vermieter war das „Erzbischöfliche Generalvikariat des Erzbistums Köln". Peter, selbsternannter „Lieber-Gott-Fan", bewarb sich bei den kirchlich Verantwortlichen und informierte sie über seine Absicht, in dem zu vermietenden Ladenlokal in Kirchenbesitz ein Tabakwarenfachgeschäft eröffnen zu wollen. Im März des Jahres 1975 wurde der Mietvertrag von beiden Seiten unterschrieben, so wie er es sich wünschte: nicht zu teuer.

Der Kölner *Pfeifen Heinrichs* - Peter Heinrichs - eröffnete im Mai 1975 sein erstes Tabakwarenfachgeschäft an der Hahnenstraße 2 in zentraler Lage in Köln.

Angeboten wurden Pfeifen, Tabak, Pfeifenstopfer, etc., also alles, was der echte Pfeifenraucher so braucht um seine Tabakpfeife am „Qualmen" zu halten. Jedem Kunden wurde unentgeltlich Kaffee angeboten. Es war nicht nur ein Spruch, wenn Peter Heinrichs sagte, er betrachte seine Kunden als Freunde.

Etwas später erweiterte Peter Heinrichs das Angebot in seinem Laden und verkaufte von da an auch Zigarren. Das typische Kiosk-Angebot Zigaretten, Spirituosen, Süßigkeiten, Zeitungen, Lotto und Totto, wurde nicht angeboten. Warum auch? Tabakwaren waren sein Metier. In seinem Geschäft kam Gastfreundschaft nicht zu kurz.

Peter legte allergrößten Wert darauf seinen Kunden in einem darauf spezialisierten und eingerichteten Tabakwarenfachgeschäft ihre Wünsche zu erfüllen.

Das Geschäft lief gut, wurde jeden Morgen von Peter höchstpersönlich um 6.00 Uhr in der Frühe geöffnet (auch heute noch) und zu den jeweiligen gesetzlichen Ladenschlusszeiten geschlossen. Es waren zwar lange Tage, aber endlich wieder eine für ihn sinnvolle Aufgabe sich dem normalen Arbeitsleben zu stellen. Und das alles im geliebten Köln!

Ein *kölsches Original* ist wieder da!

Peter war 1975 erst einen Monat im neuen Geschäft in der Hahnenstraße, als er per Postboten eine gerichtliche einstweilige Verfügung erhielt. Absender waren die beiden Cousins, welche ihn seinerzeit 1963 aus dem elterlichen Geschäft „hinausgekegelt" hatten. Sie hatten vor der Verselbstständigung Peter Heinrichs in der Hahnenstraße den Firmennamen *Pfeifen Heinrichs* auf ihr Geschäft in der Martinstraße eintragen lassen und ließen ihn nun für Peter untersagen.

Peter war der Name *Pfeifen Heinrichs* jedoch von seinem verstorbenen Vater *Peter Heinrichs sen.*, dem rechtmäßigen Mitinhaber des Geschäftes *Pfeifen Heinrichs*, vererbt worden. Seine Mutter war allerdings in den Zeiten zuvor viel zu schwach, um gegen ihren Schwager *Leo Heinrichs sen.*, ebenfalls Mitinhaber von *Pfeifen Heinrichs,* und dessen Söhne Ernst und Leo Friedrich vorzugehen.

Peter Heinrichs in seinem Geschäft Hahnenstraße

Logo *Pfeifen Heinrichs* frei für Peter Heinrichs

Aufgrund der rechtlichen Gegebenheiten lenkte Peter ein und benannte sein Geschäft von nun an „Pfeifen Peter Heinrichs". Auch das wurde ihm durch eine einstweilige Verfügung von seinen Cousins untersagt: Die Bezeichnung Pfeifen in Verbindung mit dem Namen Heinrichs fiel ebenfalls unter den Schutz der zuvor von den beiden Cousins gesicherten Namensrechte.

Ab sofort benannte er sein Geschäft mit seinem Namen „Peter Heinrichs". Dadurch sollte endlich wieder Ruhe in die Familie einkehren.

Logo Peter Heinrichs an der Hahnenstraße

Das öffentliche Interesse an dieser Familienfehde war groß. Kölner Stadt Anzeiger, Kölnische Rundschau und Express arbeiteten eifrig daran, ihre Leser über diese „echte Kölner Familienfehde" zu unterrichten und auf dem Laufenden zu halten.

1978 erhielt Peter wieder eine einstweilige Verfügung des Amtsgerichtes. Die beiden Cousins ließen ihm nun auch die Nutzung des schon in den Zeiten seines Tabakwarengroßhandels genutzten „Peter-Heinrichs-Logos", ein großes „H" mit einem dicken, pfeiferauchenden Mann, eindeutig die Darstellung seines Vaters, verbieten.

Peter hatte nun genug von seinen Cousins und legte jetzt Widerspruch vor Gericht ein. Die Öffentlichkeit zeigte wieder großes Interesse an der Fortsetzung der Familienfehde. Die Kölner Presse war hautnah bei den streitbaren Kontrahenten.

Kurze Zeit später standen sich Peter Heinrichs und *Pfeifen Heinrichs* im Kölner Amtsgericht gegenüber. Peter Heinrichs konnte die Nutzung dieses Zeichens seit der Gründung seines Tabakwaren-Großhandels nachweisen und leitete daraus auch die älteren Rechte an der weiteren Nutzung ab. Ernst und Leo Friedrich hatten dieses Zeichen zuvor schützen lassen. Der Richter wollte ein salomonisches Urteil im Bereich gestalterischer Freiheiten fällen. Farben und Striche wurden differenziert an die beiden Kontrahenten verteilt. Das Urteil läuft im Wesentlichen auf eine salomonisch-kölsche Lösung hinaus: „Macht-was-ihr-wollt", so lautete die Botschaft. Peter Heinrichs durfte das Markenzeichen in farblich leicht abgeänderter Form nutzen, Cousin *Ernst Heinrichs* das Original-Logo und den Firmennamen *Pfeifen Heinrichs* weiter verwenden.

So kam es dazu, dass die komplette Kölner-Presse ihren Lesern bereits über einen Kampf à la Klein (Peter) gegen Groß (Ernst) berichtete.

Resultat dieser „Werbung" war es, dass Peter Heinrichs davon ungemein profitierte und seine Kunden ihn durch ihre Treue immer mehr zum wahren *Pfeifen Heinrichs* von Köln machten.

Nach zwei geschäftlich guten und streitmässig einigermaßen ruhigen Jahren flammten die Streitereien jedoch von neuem auf.

Ein Anzeigeneintrag in einem Kölner Telefonbuch brachte Cousin Ernst wieder in Rage, er bemühte erneut die Kölner Gerichtsbarkeit. Wieder ging es um die

Frage, wer darf den Namen *Pfeifen-Heinrichs* und das Logo rechtmäßig verwenden? Bei einer Peter Heinrichs vorgelegten Druckvorlage für das Kölner Telefonbuch war noch das richtige Logo aufgeführt, später beim Druck war jedoch ein bereits seinerzeit nicht genehmigtes Logo für den endgültigen Ausdruck eingefügt worden.

Der Richter, ohnehin der Verzweiflung nahe, kam aber in der Sitzung auf einen genialen Gedanken. Es solle doch bitte schön ein Auftrag vergeben werden, dass durch eine Befragung von zehntausend Personen auf der Domplatte zu klären sei, welcher Heinrichs denn nun in Köln bekannter wäre, und welche Rolle das Logo hierbei spiele. Die geschätzten Kosten hierfür lagen bei dreißigtausend Mark für jede der beiden Parteien. Das war den beiden dann doch zu viel, und Cousin Ernst zog seine Klage sofort zurück.

Die Entscheidung des Richters und die Beendigung des Rechtstreites durch den Cousin Ernst kam Peter recht gelegen, war doch sein Name Peter Heinrichs in der Hahnenstraße, bedingt durch Werbung und verbunden mit unschlagbaren Sonderangeboten, bereits viel bekannter als der des *Pfeifen Heinrichs* in der Martinstraße.

Auch weiterhin war die komplette Kölner Presse wieder vertreten und immer gut informiert. Die Leser waren stets auf dem aktuellen Stand. Peter Heinrichs punktete enorm in seinem Bekanntheitsgrad.

Peter Heinrichs war und ist – entgegen dem Gerichtsurteil - im Laufe seines Lebens aufgrund der freundschaftlichen Verbundenheit mit vielen seiner Kunden, sowohl in der Kölner Heimat als auch auf der ganzen Welt, längst zum wahren *Pfeifen Heinrichs* geworden.

Zu seinen Kunden zählten schon damals Prominente aus Politik und Unterhaltung wie z.B. der Oberbürgermeister der Stadt Köln, *John van Nes Ziegler*, Bundeskanzler *Dr. Helmut Kohl*, der Kölner Regierungspräsident *Dr. Franz-Josef Antwerpes*, der Journalist und ehemalige Intendant des WDR *Friedrich Nowottny*, die Kölner Mundartsänger *King Size Dick* und *Tommy Engel*, der Fernseh-Entertainer *Thomas Gottschalk*, um nur einige zu nennen. Peter Heinrichs bediente in seinem Geschäft nicht nur Kunden aus Köln, sondern aus aller Welt. Seine Devise für sein Geschäftsleben war zu jeder Zeit: *„Beruflich hart arbeiten, privat sparsam leben, und für den Kunden immer innovativ sein"*. (Zitat PH Interview)

Mit seinem „Haus der 10000 Pfeifen" in der Kölner Hahnenstraße gehört Peter Heinrichs (links) schon heute zu den größten Fachhändlern Deutschlands. Jetzt plant er ein Großprojekt „auf der grünen Wiese" zwischen Düsseldorf und Aachen. Siehe hierzu Reportage auf Seite 9.   Foto: ergü

Zweistellige Zuwachsraten im Geschäft von Peter Heinrichs

1979 freuten sich Peter und *Gertrud Heinrichs* über die Geburt ihrer dritten Tochter Sandra.

1984 folgt Peter Heinrichs dem Ruf eines Freundes, mit einem Pfeifen-Angebot nach Amerika zu fliegen. Der Physiker *Dr. Wilfried Wolf* verhalf ihm dazu. Als der nämlich drei Jahre zuvor von der Uni Köln nach Kalifornien übersiedelte, vermisste er dort am stärksten den gewohnten blauen Dunst aus der Heimatstadt. Er schloss sich mit einem amerikanischen Tabakexperten kurz, und dieser holte dann Peter zur Pipe-Show 1984 nach Burlingame im US- Bundesstaat Kalifornien.

Zuvor hatte Peter sich an die Industrie- und Handelskammer Köln gewandt, mit der Bitte um Unterstützung bei der Eröffnung einer Außenstelle in Amerika. Durch den fehlenden Zuspruch seitens der IHK blieb es Peter somit allein überlassen, etwas zu unternehmen.

Kurzentschlossen packte er zwei Koffer mit Pfeifen und ein paar persönlichen Utensilien. Im Großen und Ganzen waren es aber Pfeifen, *„wohl so 400 Stück"*.
(Zitat PH Interview)

Der erste Flug über den Atlantik führte ihn dann nach San Francisco und er nutzte die Flugzeit, um damit zu beginnen „Englisch für Anfänger" zu lesen. Seinen Kölschen Akzent konnte er zu keiner Zeit unterdrücken, und es wurde ihm immer wieder bestätigt, er mache „dat Ganze god". Peter hatte schon zu dieser Zeit keine Probleme, sich mit jedem Kunden auf der Welt über den Preis einer Pfeife, egal in welcher Sprache, zu verständigen. Der amerikanische Zollbeamte war sehr verwundert über die große Menge Pfeifen in seinem Gepäck. Auf die Frage des Zollbeamten, was er denn mit all den Pfeifen in den USA wolle, antwortete er *„Ich bin ein großer Pfeifenraucher".* (Zitat PH Interview)

Nach Ankunft in Palo Alto an der San Francisco Bay kam er mit Mitgliedern des dort ansässigen Pfeifenclub zusammen und lernte einen der für den Club mitverantwortlichen Herren kennen, *Marty Pulvers.*

Zuerst einmal war für das Wochenende eine große Pipeshow in Burlingame, einem Stadtteil von San Francisco, angesagt. Hier galt es für Peter einen Verkaufstisch zu belegen und die mitgebrachten Pfeifen anzubieten. Die Konkurrenz war groß, die Sticheleien der Mitanbieter nicht zu überhören: *„Mit so einem Englisch wäre er besser in „Old-Germany" geblieben".* (Zitat PH Interview)

Peter ließ sich nicht vergraulen, und Sonntagabend war fast alles verkauft. Der eingenommene Geldbetrag wurde dann am nächsten Tag über ein neueröffnetes Geldkonto bei der ortsansässigen Filiale einer amerikanischen Bank auf dem schnellsten Wege in seine Heimatstadt Köln überwiesen.

Dieser Verkaufserfolg war dem bereits erwähnten *Marty Pulvers* nicht verborgen geblieben. Seine Meinung über Peter war grenzenlos positiv: *„Verkaufsgenie und Ähnliches kam über seine Lippen".* (Zitat PH Interview)

Marty Pulvers war im Soge des Erfolges dieser Pipeshow überschwänglich und von der Idee begeistert, dass Peter doch unbedingt in San Francisco ein Geschäft eröffnen sollte. Peter fühlte sich natürlich geschmeichelt, traf aber nach reiflicher Überlegung die einzig vernünftige Entscheidung, es nicht zu tun. Wer sollte in Köln seine Aufgaben wahrnehmen? Er konnte sich ja schließlich nicht teilen zwischen Köln und San Francisco. Der „Arbeitsweg" war ihm einfach zu lang, und eine seiner Gewohnheitsaussagen war ständig zu hören:

„Das kann ich so gut gebrauchen wie ein Loch im Kopf" (Zitat PH Interview)

Marty Pulvers gab nicht auf. 1985 gründeten die beiden das Tabakwarengeschäft *Heinrichs&Pulvers* in San Francisco. Martys Geschäftsanteil wurde der eines Franchisenehmers, und Peter unterstützte ihn mit allen zur Verfügung stehenden Mitteln wie Wareneinsatz, Beratung etc. Marty arbeitete sehr erfolgreich und bekam fast jeden Wunsch aus der „Zentrale" in Köln erfüllt. Nach drei Jahren war der erste deutsch-englische Pfeifen-Katalog für den amerikanischen Markt erstellt. Sechs Jahre dauerte die erfolgreiche Zusammenarbeit. Auch den Wunsch Martys nach einer eigenen Geschäftstätigkeit versagte ihm Peter aus Freundschaft nicht. Der Laden im Stadtteil Sherlock-Heaven wurde geschlossen. *Marty Pulvers* eröffnete ein eigenes Geschäft an der California Road und erhielt auch weiterhin die Unterstützung Peters mit Rat und Ware. Die Verschärfung der strengen amerikanischen Gesetze in Sachen „Nichtraucherschutz" veranlassten *Marty Pulvers,* sein Geschäft später zu schließen, sich noch eine Zeit lang dem Internethandel zu widmen und dann in den wohlverdienten Ruhestand zu gehen.

Zwischenzeitlich war eine weitere geschäftliche Beteiligung hinzu gekommen. *Barry Levin* sprach Peter - wie schon zuvor 1984 *Marty Pulvers* - auf der Pipeshow 1985 in San Francisco enthusiastisch an und meinte, Peter und er wären genau die richtigen Personen, um einen Pfeifen- und Tabakversand in den Staaten ins Leben zu rufen. Die Firma wurde gegründet und auf den Namen *Heinrichs&Levin* mit Sitz in Craftsburry, US-Staat Vermont, eingetragen. Nach erfolgreichen Jahren der Zusammenarbeit war mittlerweile eine gute und vertrauensvolle Freundschaft entstanden, bis 1989 der bedauerliche und mit großer Trauer begleitete Tod Barrys diese unerwartet beendete. Die bereits ausgebaute Logistik des Versandhandels mit seinem Warensortiment konnte eins zu eins von Deutschland aus von Peter übernommen werden, wird heute noch betrieben und zählt zu den wichtigen Standbeinen seines Geschäftes.

Gute Geschäfte in den USA
Kölner Pfeifenhändler geht nach San Franzisko

1986
OTZ

Trotz der mißlichen Situation mußte Peter Heinrichs, seines Zeichens Tabakwarenfacheinzelhändler aus Köln, lachen. Die Zollbeamten im Flughafen von San Franzisko wollten von ihm wissen, was das denn für seltsame Ofenröhrchen seien. Dabei deuteten sie auf einen Teil seiner Pfeifenkollektion, die er über den großen Teich an die Westküste der USA mitgebracht hatte.

Anlaß dazu war die dritte Nationale Pfeifensammler-Ausstellung der USA, die an zwei Tagen, Freitag und Samstag, den 18. und 19. Juli, im Sheraton Airport Hotel San Franzisko stattfand. Seit zwei Jahren schon verkauft der Kölner Pfeifenspezialist einen eigenen Tabak über einen amerikanischen Kollegen in den USA, der ihn wiederum über den Postversand vertreibt. Nun wollte der unternehmungslustige Fachhändler in eigener Regie versuchen, bei dieser passenden Gelegenheit auch Pfeifen abzusetzen. „Und das ist mir mit großem Erfolg gelungen", sagte Peter Heinrichs stolz, „In diesen beiden Tagen habe ich über 200 Pfeifen verkauft, wo gibt es das sonst noch?"

Vielleicht hing es damit zusammen, daß er als einziger Europäer unter den Ausstellern aus Chikago, New York, Salt Lake City, Los Angeles, Boston etc. so etwas wie ein Exote galt. Bestimmt aber trug die Qualität seiner ausgestellten Pfeifen, z. B. von Dunhill, Garbes und Ilstedt zu seinem Erfolg bei. Ein weiterer Grund war in den Preisen zu finden. Sie lagen nähmlich wegen der Währungsparitäten um rund 40 Prozent unter denen der amerikanischen Kolle-

gen, die deshalb auch die günstige Gelegenheit nutzten und kräftig bei Peter Heinrichs für Absatz sorgten.

Und nicht nur die; seine Pfeifen, die wegen ihrer Formen und Maserungen besonders auffielen, lockten auch viele Pfeifenfreunde und Sammler an, unter ihnen z. B. Kernphysiker, Fabrikanten, Ärzte und chinesische Kaufleute.

Über diese schönen Raucherutensilien konnte er viele private Verbindungen knüpfen und einige Bekanntschaften mit berühmten Leuten der Branche wie z. B. dem Fachautor Ben Rapaport machen.

Natürlich vergaß Peter Heinrichs dabei nie das Geschäft. 50 kg seiner eigenen mitgebrachten Tabakhausmarke fanden ihren Weg in amerikanische Pfeifenköpfe. Das sind 1000 50-g-Pouchs in zwei Tagen, eine stolze Bilanz.

Als Krönung seines erfolgreichen USA-Aufenthaltes empfand Peter Heinrichs dann am Samstag abend während eines Galadiners den ersten Preis für die seltenste Pfeife der Welt, der ihm für eines seiner Modelle verliehen wurde.

Diese beiden Ausstellungstage haben es Peter Heinrichs geschäftlich und menschlich so angetan, daß er als erster deutscher Pfeifenhändler im Februar 1987 ein eigenes Geschäft in San Franzisko eröffnen will. „Der amerikanische Markt ist viel größer und sehr schwierig, aber ich glaube, genau wie in der Bundesrepublik hat der Spezialist auch hier eine gute Chance, sich zu behaupten", so das Fazit von Peter Heinrichs.   Herbert Steins

Pfeifenshow 1986 in Burlingame, Kalifornien

In den achtziger und neunziger Jahren flog Peter regelmäßig zu den Pipeshows in San Francisco und Chicago. In Chicago war er einer der ersten Deutschen, der dort erfolgreich und in größerer Stückzahl als bisher üblich Pfeifen anbot und verkaufte.

Pfeife als Sammelobjekt

Deutscher Pfeifenhändler beteiligt sich *DTZ* an kalifornischer Verkaufsausstellung *28.08.1987*

KÖLN (DTZ/fnf/gc). Über 400 Pfeifenfreunde trafen sich Anfang August in Burlingame, Kalifornien, zur vierten Nationalen Pfeifen-Sammler-Ausstellung. Zwei Tage lang wurde getauscht, gesucht und gekauft. In erster Linie ging es um alte und ausgefallene Pfeifen und Pfeifenzubehör im Wert von mehreren hunderttausend Dollar.

Unter den Ausstellern befand sich auch Peter Heinrichs, Tabakwarenfacheinzelhändler aus Köln, der schon öfters in den Westen der USA gereist ist, um seine „deutschen" Pfeifen anzubieten.

In Amerika ist das Interesse an Pfeifen, speziell als Sammelobjekte, steigend, wie auch C. Bruce Spencer, der Präsident des Clubs „Pfeifen-Sammler International" bemerkte.

„Pfeifen sind zur Zeit, neben alten Autos, die besten Objekte zum Sammeln", erklärte er in Burlingame. „Eine Pfeife ist absolut einmalig. Sie wird aus einem natürlichen Material gefertigt. Sie wird von einem Fachmann entworfen und hergestellt. Sie gewinnt mit zunehmendem Alter an Wert. Und sie ist brauchbar, denn man kann sie rauchen."

Schöne Stücke fanden ihre Liebhaber. Vielfach waren die Pfeifen antiquarische Stücke, die schon seit Generationen im Besitz ihres Verkäufers waren.
Fotos: Peter Heinrichs

Diese positive Meinung vertraten auch die anderen Teilnehmer der Ausstellung, die sich durch Harmonie und Tabakduft auszeichnete. Für Peter Heinrichs war sie zudem noch erfolgreich, wie die folgenden Auszüge aus seinem Reisetagebuch zeigen.

Vorbereitungen: Pfeifen in Dollars auszeichnen, versandfertig machen.

Donnerstag, 30. Juli: Abflug, 12 Stunden Flug, anschließend Abholen der Ware am Zoll.

Freitag abend, 31. Juli: Zusammentreffen mit anderen Pfeifenhändlern, kurzes Kennenlernen, „small Talk", Aufbau des Verkaufsstandes.

Samstag morgen, 1. August: 8 Uhr, letzte Vorbereitungen für Verkauf, 9 Uhr Einlaß; Kunden aus allen Teilen der USA. Als „Exote" Deutscher habe ich einen kleinen Bonus. Verkaufe die einzige Dunhill mit Regenschirm für 3000 Dollar und einige Ingo-Garbe- und Barbie-Exemplare. Habe an diesem Tag viel Glück. — Ein langer Tag bis 18.30 Uhr: da ich allein verkaufe, muß ich immer am Stand bleiben. Zusammentreffen mit vielen Freunden zum Dinner am Abend (Rick Hacker, Buchautor, Bruce Spencer, Präsident PCI); vergleichbare Probleme mit Pfeifen wie in Deutschland.

Sonntag, 2. August: Verkauf von morgens 10 Uhr bis 18.30 Uhr. An diesen beiden Tagen habe ich 234 Pfeifen verkauft und jede Menge neue Kontakte geknüpft. Pfeifenhändler aus Deutschland haben hier eine große Chance. Preis und Qualität werden auch hier vergütet.

Montag, 3. August: Abflug nach Köln. „Its was a hard work", aber ein schönes Wochenende mit vielen Freunden des Verkaufs.

P. S.: Unser Geschäft auf der California-Street wird noch dieses Jahr fertig, ich glaube, auch in den USA haben Spezialisten Chancen.

48

Peter war gerne in den Staaten. Ihm schlug eine große Welle der Sympathie seiner amerikanischen Freunde und Kunden entgegen, kölsch-amerikanisch, dass passte. Er traf sich gerne mit ihnen und lernte natürlich dadurch auch immer mehr für ihn wichtige und interessante Leute aus aller Welt kennen.

Seine Neugier und Interessen waren mittlerweile auch stark auf den ostasiatischen Raum ausgerichtet.

1985 lernte er *Joseph Yang* aus Taiwan kennen. Dessen geschäftliche Tätigkeiten erstreckten sich auf das Unternehmen „Shing-Wang Trading" mit drei Geschäften auf Taiwan. Eines dieser Geschäfte befand sich in Taipeh, der Hauptstadt Taiwans. Die Unterhaltung verlief so, wie es auf Pipeshows und Messen üblich ist: Man lernt sich kennen und schaut mal, ob Geschäfte zustande kommen. Diese Gespräche sollten für die Zukunft sehr wichtig werden. Nur kurze Zeit nach der Rückkehr Peters in sein Geschäft an der Hahnenstraße bekam er Besuch, *Joseph Yang* stand in seinem Geschäft und wollte mit Peter Heinrichs Geschäfte machen. Das Gespräch auf der Pipeshow hatte ihm zugesagt, und er war der Meinung, dass Peter Heinrichs mit seinem inzwischen schon weltbekannten Unternehmen wohl der richtige Mann für ihn sei. Die Verhandlungen verliefen erfolgreich. Peter lieferte Pfeifen und Tabak, und einer seiner Geschäftsfreunde aus Deutschland lieferte Taschen aus Leder etc. Auch Verkäufe und Lieferungen aus Dänemark wurden von Peter auf Provisionsbasis vermittelt.

Auf einen Nenner gebracht kann man sagen, dass die Geschäfte Peter Heinrichs blendend liefen. Die Zusammenarbeit Peters und Josephs ist auch heute noch ein eines der wichtigen Standbeine *Pfeifen Heinrichs*.

Für seine innovativen Ideen wurde Peter oft ausgelacht. Doch immer wenn er eine neue Nische entdeckt hatte, wurde sie der Grundstein für eine weitere neue Stütze seines Geschäfts.

1996 hatten auch die Rotchinesen von Peter Heinrichs erfahren. Auf Wunsch chinesischer Regierungsbeamter erstellte Peter eine Wirtschaftlichkeits-Berechnung für zwei Pfeifenläden, für deren Standorte Peking und Shanghai vorgesehen waren. Peter stimmte diesen Wünschen unter der Bedingung zu, dass die beiden Geschäfte unter dem Namen Peter Heinrichs geführt werden, gemäß einer noch abzuschließenden Franchise-Vereinbarung.

Peters jüdische Großmutter hatte einmal zu ihm gesagt: *„Setze deinen Hintern nie auf mehrere Pferde, denn du kannst nur eines von ihnen reiten".* (Zitat PH Interview)

Das ganze Geschäft kam nie zustande, da die Regierungsbeamten aus China zu guter Letzt statt mit Devisen, mit in China produzierten Agrargütern wie Mais und Reis bezahlen wollten.

1992 antwortete Peter Heinrichs auf Befragen der Fach-Presse DTZ nach seinen Werbeplanungen für sein „Haus der Zehntausend Pfeifen" in der Hahnenstraße: *„Für Einzelhändler sind Werbungsausgaben oft eine enorme finanzielle Belastung".* Neben seinem dritteljährlich erscheinendem „Journal" und Anzeigen in Magazinen lässt er eine Telefonkarte mit seiner Firmenwerbung herstellen. Da in dieser Zeit eine nicht zu unterschätzende „Telefonkarten-Sammlerwut" herrschte, fanden diese Karten oft den Weg in private Sammlungen oder wurden in Sammler-Katalogen mit aufgerufen. Die Nachfrage nach diesen geldwerten Telefonkarten war groß. Nicht nur Stammkunden fragten danach, auch neue Kunden kamen hinzu.

Einer der kostenaufwendigsten Werbemittel bei Peter Heinrichs war nach wie vor sein Fuhrpark. Die Autos wurden täglich auf wechselnden und kostenlosen Parkplätzen in der Kölner Innenstadt abgestellt und waren nicht zu übersehen. Favoriten dieser „Show" waren ein Lotus sowie ein Oldtimer als Auslieferungsfahrzeug.

Transporter Oldtimer Marke *Fleur de Lys* vor dem Kölner Dom

Lotus Super Seven VM Nachbau Typ 7

OldtimerTransporter *Fleur de Lys* mit Werbeschriftung

Peter Heinrichs Traum war es, dass eine mit seiner Werbung versehene Straßenbahn der KVB - Kölner Verkehrsbetriebe - über den Neumarkt in Fahrtrichtung Zülpicher Platz und zurück verkehrte und somit natürlich auch an seinem Geschäft in der Hahnenstraße vorbei fuhr.

Die Planungen über die Beschriftung wurden sofort in Angriff genommen. Entwürfe wurden Peter vorgelegt:

Die Beschriftung fiel dann nicht ganz so exotisch, aber sehr charakteristisch aus. Diese Bahn fuhr dann auch tatsächlich mehrere Jahre durch Köln und bis kurz vor Beginn der neunziger Jahre auch an seinem Geschäft in der Hahnenstraße vorbei.

1991 war auch das Jahr des innovativen Erfindungsgeistes von Peter Heinrichs. Als Peter in diesem Jahr die erste Zigarette mit Pfeifentabak, eine Zigarette ohne jegliche Zusatzstoffe, auf den deutschen Markt brachte, wurde er von seinen Mitbewerbern belächelt. Produktentwicklung und Markteinführung bedurften der gewaltigen Anstrengung aller Beteiligten und verursachte Kosten, *„so eine Million Mark"*. (Zitat PH Interview)

Bei den gewaltigen Anstrengungen aller Beteiligten sollte nicht unerwähnt bleiben, dass Peter auf der Suche nach einem Produzenten in Deutschland auf taube Ohren gestoßen war. *„Nicht machbar, zu teuer, kein Markt etc."* waren stets die Antworten der Hersteller. Erst in Belgien fand sich dann ein Produzent, der für den belgischen Markt bereits Zigaretten herstellte. Hier war man im Gegensatz zu den deutschen Firmen von der Idee Peters sehr angetan. Es wurde beschlossen, gemeinsam dieses Produkt zu entwickeln und herzustellen.

Nun begann eine Zeit großer Anstrengungen: Es musste entschieden werden, welcher Pfeifentabak mit geringem Nikotingehalt, welcher Filter, welches Filterpapier etc. Anwendungen fänden. Das behördliche Zulassungsverfahren wurde in Gang gesetzt. Da es sich bei Pfeifentabak um ein reines Naturprodukt handelt, unterlag und unterliegt er immer noch den sehr strengen Kontrollen der staatlichen Lebensmittelüberwachungsämter. Ebenso ist das Tabak-Steueramt in Bünde/Ostwestfalen eine letztendlich wichtige Hürde, bevor die Ware endgültig verkauft werden kann. Banderolen zur Auszeichnung der Ware müssen dort bestellt werden. Die garantierte Zahlung der Tabaksteuer vor Auslieferung der Banderollen obliegt dem Besteller durch Vorlage einer Bankbürgschaft. Das Steueramt prüft die Ordnungsmäßigkeit und händigt danach erst die Steuerbanderolen aus. Der Besteller schickt diese dann schnellstens an den produzierenden Betrieb, wo dann die Packung versiegelt wird.

Der Erfolg der *Peter Heinrichs Zigaretten* rechtfertigte im Nachhinein den damaligen hohen Aufwand. Peter Heinrichs bot seinen Kunden Pfeifentabak-Zigaretten in verschiedenen Geschmacksrichtungen an. Sie entwickelten sich in relativ kurzer Zeit zu einem weiteren Standbein seines Geschäftes.

PH - Lotus Super Seven MW auf Promotion-Tour in Köln

1993 kaufte Peter die wohl größte rauchbare Filter-Pfeife der Welt von dem Kölner Holzschnitzer *Giuseppe (Pino)Silbermann*. Die Pfeife ist 145 kg schwer, übermannshoch und fasst bis zu 50 kg Tabak. Köln hatte eine Attraktion mehr. Zuerst schmückte sie das Schaufenster des Ladens auf der Hahnenstraße, später kam sie dann als ewiges Ausstellungsstück ins Museum nach Niederaußem und ist dort zu besichtigen.

Wohl die größte Tabakspfeife der Welt im Besitz von Peter Heinrichs

Peters nächster innovativer Wunsch war es, außerhalb von Köln einen „Genusstempel" für Pfeifen- und Zigarrenraucher zu errichten. Das hierfür geeignete Gelände wurde im „hässlichsten Industriegebiet Deutschlands", wie er es selbst nannte, in Niederaußem, zu einem bezahlbaren Preis gefunden. Auf einem 1100 m² großen Gelände sollte ein architektonisch ausgefallenes Gebäude mit großen Verkaufsflächen und den dazu gehörenden Lagerkapazitäten entstehen. Für das obere Stockwerk des Gebäudes schwebte ihm ein Pfeifenmuseum mit Cafeteria vor. Die Planung ausreichender Kundenparkplätze auf dem Gelände war für ihn eine Selbstverständlichkeit.

Vor der „hässlich schönen" Kulisse des RWE-Kraftwerkes erfüllte er sich diesen Traum.

Wer hätte das gedacht! Die Mitbewerber hatten - wie schon zuvor bei der Vermarktung der Zigaretten mit Pfeifentabak - auch für die Erschaffung einer „Tabakwaren-Hochburg" nur ein Lächeln übrig: *„Wer fährt schon für eine Pfeife auf die grüne Wiese"*, berichtete Peter, *„vor allem an einen der unschönsten Plätze Deutschlands?"*.

Auf dem Wege nach Niederaußem. RWE immer im Blick

Château Henri, Niederaußen, eröffnet am 30.10.1994

Am Sonntag, dem 30.10.1994, um 11.00 Uhr war es so weit. Peter Heinrichs verkündete seinen Kunden, Freunden und Gästen: *„Endlich ist es so weit, nach einer 14monatigen Bauzeit ist das „größte Haus" der Welt für Pfeife, Tabak und Zigarren entstanden, das dem Kunden alles unter einem Dach bietet. Ich freue mich über Ihr Erscheinen".*

Der Einladung Peters waren viele Freunde und Kunden gefolgt, auch Neugierige, wie immer wenn es etwas „Unglaubliches" zu bestaunen gibt. Der große Parkplatz war schnell besetzt, viele Besucher aus Köln und Umgebung nutzten *„den eigens von ihm für diesen Tag von der KVB gecharterten Peter-Heinrichs-Bus".* Dieser pendelte den ganzen Tag zwischen dem P+R Parkplatz am Müngersdorfer Stadion und Niederaußem.

Sein Erfolg, der seiner ganzen Familie und der seiner Mitarbeiter, war, trotz der großen Menge an Arbeit an diesem Tage, nicht zu übersehen, auch für die Mitbewerber nicht.

Was viele Besucher der Eröffnungsveranstaltung an jenem Sonntag, zuvor nicht wussten, war, dass Peter Heinrichs dem neuen „Standbein" seiner geschäftlichen Aktivitäten ein neues Pfeifenmuseum angegliedert hatte. Über das neue Museum im „Château Henri" wird im Kapitel 6 „Peter Heinrichs als Museumdirektor" berichtet.

Im Museum gab es keine Hektik, hier wurde auch nichts verkauft, außer Getränken und Kuchen. Das Museum war täglich geöffnet, Führungen fanden nach Vereinbarung statt, auch sonntags.

Seit dem 13.07.1996 und in den Jahren danach fanden „Smokertreffs" in Niederaußem statt. Hierzu lud Peter Heinrichs seine Kunden, Freunde und Gäste ein. Eingeladen oder nicht, willkommen war ein Jeder. Für diejenigen, die sich angemeldet und 35 Mark gezahlt hatten, gab es die Gelegenheit, an einem eigens für diesen Tag bestellten warmen Essensbüffet teilzunehmen, inklusive Getränke, Verkostung hochwertiger Spirituosen, einer „guten" Zigarre und Proben verschiedener Pfeifentabake.

Für die Anwesenheit berühmter Pfeifenmacher aus aller Welt hatte Peter gesorgt. Anfangs kamen bis zu 350 Gäste, später auch mehr, in der heutigen Zeit sind es nicht selten bis zu 500 Gäste, die das „Château Henri" und das Museum Peter Heinrichs anlässlich des „Smokertreffs" besuchen.

Das komplette Betriebsgelände des „Château Henri" in Niederaußem

In den Jahren von 1997 bis 2002 sollte eine Investition Peter Heinrichs in den neuen Bundesländern nicht von dauerhaftem Erfolg gekrönt werden. Seinem immerwährenden Drang, Ideen innovativ in die Tat umzusetzen und ein Standbein für seine Firma und Familie zu entwickeln, war jedoch der in Leipzig eröffneten Filiale Peter Heinrichs „Sächsische Pfeifenstube" nicht der erhoffte Erfolg beschieden.

Die „Sächsische Pfeifenstube" in Leipzig

In den Jahren nach der Wende hatten die Leute in Leipzig andere Sorgen und gaben ihr Geld für Lebensmittel, Mieten und andere wichtige Wirtschaftsgüter aus. An den Kauf einer Pfeife und den dazugehörenden Tabak dachten wahrscheinlich die wenigsten, war doch auch das Pfeiferauchen zu DDR-Zeiten nicht so populär wie schon zuvor im Westen der Republik. Nachdem die Wirtschaftlichkeit dieses Ladens für ihn nicht mehr gegeben war und sich keine Aussicht auf eine Verbesserung zeigte, trennten sich Peter und sein Partner aus Leipzig. Der Partner kaufte Peters Anteile und führte das Geschäft unter seinem Namen in eigener Regie weiter.

Bereits im Jahre 2000 bot sich Peter die großartige Chance, einen PS-starken, überlangen amerikanischen Kenworth Truck für Reklamezwecke zu erwerben. Peters Rechnung war schnell gemacht:

„Anschaffungspreis, abzüglich genügender Einnahmen von Freunden und Zulieferern für deren Nutzung der Truck-Werbefläche, Ergebnis: Anschaffungspreis bezahlt".

Peter setzte diesen Gedanken in die Tat um, der Truck wurde mit Werbung beklebt. Wenn er nicht unterwegs war, stand dieser in Köln, später in ganz Deutschland für Reklamezwecke in Position, fand dabei große Beachtung und wurde unzählige Male fotografiert.

PH Kenworth-Truck mit Zigarren-Lounge im Führerhaus

2003 eröffnete Peter Heinrichs in seinem „Château Henri" in Niederaußem, die zweite „Casa del Habano" Deutschlands. Alle Casas auf der Welt verkauften ausschließlich Zigarren- Produkte kubanischer Herkunft.

Peter war der einzige Händler weltweit, der sich diesem Diktat der Kubaner geschickt entzog und auch weiterhin sein gesamtes Rauchwarensortiment seinen Kunden anbieten durfte. Die Kubaner schlossen sich seinen Argumenten für den Standort Niederaußem an, obwohl sie lieber in bester Lage in der Kölner Innenstadt vertreten gewesen wären.

2006 war es dann so weit, dass die „Casa del Habano" von Niederaußem nach Köln verlegt wurde. Das denkmalgeschützte Haus neben seinem Stammgeschäft, ebenfalls Eigentum der katholischen Kirche St. Aposteln, hatte Peter stilsicher zu einer neuen „Casa del Habano" eingerichtet. Zu diesem Zeitpunkt gab es mittlerweile 88 Casas auf der Welt, davon 3 nun in Deutschland: Berlin, Nürnberg und Köln. Bei der Eröffnung im März 2006 kamen *Gerardo Penalver*, Botschafter der Republik Kuba, und *Heinrich Villiger*, Geschäftsführer der Firma „5th Avenue" und Generalimporteur für kubanische Produkte in Europa, zu Besuch.

2007 sponserte Peter Heinrichs zum ersten Mal die 35. Deutsche Meisterschaft im „Pfeife-Langsamrauchen", veranstaltet durch den „1. Kölner-Pfeifenclub".

Viele Events dieser Art folgten, bis hin zur Welt-Meisterschaft im Jahr 2010 in Estoril (Portugal).

Im Mai 2009 veranstaltete Peter einen großen „Frühjahrs-Smokertreff" im Maritim Hotel Köln. Er konnte an dem Samstag des Veranstaltungswochenendes im Hotel Maritim Köln in etwa 800 Gäste begrüßen. Viele der Besucher nahmen die Gelegenheit wahr, in Köln zu übernachten und sich die Sehenswürdigkeiten der Stadt anzusehen.

Peters Planungen für die nächste Groß-Veranstaltung im April 2011 sind bereits am gleichen Ort in vollem Gange. Auch für die 2014 in Köln stattfindende Weltmeisterschaft im „Pfeife-Langsamrauchen" hat er seine Beteiligung schon jetzt kundgetan.

6. Peter Heinrichs als Museumsdirektor

Wie bereits erwähnt hatte Peter seinem „Château Henri" ein Museum mit Cafeteria angegliedert. Es befindet sich im ersten Stockwerk des Geschäftes „Château Henri" in Niederaußem und ist über die ganze Fläche verteilt. Für Kunden und Gäste, die ein ruhiges, genussvolles Plätzchen in dieser Etage suchen, gibt es sogar eine Cafeteria. Diese Cafeteria im Museum verschafft ihm die Möglichkeit, sein Ladengeschäft auch sonntags geöffnet zu halten und Kunden mit Tabakwaren bedienen zu dürfen.

Museumsdirektor Peter Heinrichs kann mit Stolz auf die in der oberen Etage seines neuen Hauses ausgestellten Sammlerstücke blicken: Bruyèreholz- und Meerschaum-Pfeifen, Tabake, Tabak- und Schnupftabakdosen, Pfeifen- und Zigarren-Utensilien, Maschinen zur Herstellung von Zigarren, die größte Pfeife der Welt, Literatur, Bilder und vieles mehr. Es ist eine Fundgrube von kulturhistorisch wertvollen Sammlungsstücken.

Den Großteil dieser Privatsammlung hatte er bereits vor der Eröffnung des Museums in den vorherigen Jahren aus Versteigerungen, Nachlässen, Schenkungen und Ankäufen zusammengetragen. Jeder freie Platz in der Hahnenstraße diente zuvor zur Aufbewahrung dieser seltenen und wertvollen Ausstellungsstücke. Im Museum des „Château Henri" hat nun alles seinen angemessenen Platz gefunden, und die Besichtigung steht jedem Sammler und Interessenten frei.

Leihgaben aus den Museen der Firma *Dunhill* und der Nürnberger Firma *Vauen,* der ältesten Pfeifenfabrik Deutschlands, ergänzen die Privatsammlung.

Beim Augentabak ist der Sammler skeptisch

Im Bergheimer Gewerbegebiet gibt es ein Pfeifenmuseum — 4000 Exemplare Stalin bevorzugte englische Fabrikate

In der wenig ansehnlichen Umgebung des Niederaußemer Gewerbegebietes mit dem RWE-Kraftwerk fällt das architektonisch ausgefallene Museumsgebäude von Pfeifen Heinrichs besonders auf. (Bilder: Richter)

Von unserer Redakteurin
Doris Richter

Bergheim-Niederaußem — In vier Einzelteile zerlegt liegt eine alte Pfeife aus Kirschholz in dem dazugehörigen Etui. Das Stück ist nicht in der Ausstellung, da noch ein geeigneter Platz dafür fehlt. Denn nachdem Gertrud Heinrichs die einzelnen Teile zusammengeschraubt hatte, war die Pfeife mehr als 60 Zentimeter lang. Ob als handfreundlicher Griff an Spazierstöcken oder verziert mit erotischen Motiven — zahlreiche Raritäten und Kuriositäten von Pfeifen sind in dem neuen Museum von Peter Heinrichs sehen.

Nur ein kleiner Teil seiner Pfeifensammlung, die fast 4000 Exemplare umfaßt, ist bisher in dem Neubau im Niederaußemer Gewerbegebiet ausgestellt. „Ich verliere bald den Überblick", gibt Heinrichs zu. „Seitdem wir das Museum haben, kommen immer mehr Kunden und überlassen mir alte Pfeifen, für die sie keine Verwendung mehr haben." Für das nächste Jahr hat der 48jährige Geschäftsmann sich vorgenommen, seine Sammlung zu katalogisieren.

Seine Lieblingsstücke sind drei Prince-Pfeifen der englischen Firma Dunhill. „Wunderschön und wertvoll", schwärmt Heinrichs. Doch das sei nichts gegen die Sammlung, die der sowjetische Politiker Stalin hatte. „Stalin war Pfeifenraucher und besaß eine der größten Dunhill-Pfeifen-Sammlungen der Welt. Das steht natürlich in keinem Geschichtsbuch und auch die Engländer wollen davon heute nichts mehr wissen."

Mit dem Kult des Tabakrauchens beschäftigt sich der Geschäftsmann, der in Bergheim-Büsdorf wohnt, seit mehr als 30 Jahre lang. Mit 17 Jahren machte er sich selbständig. Heute läßt er für seinen Verkauf jährlich 25 Tonnen Tabak herstellen und hat einen Postversand für alle Raucherutensilien bis in die USA. Vor zwei Jahren planten Peter und Gertrud Heinrichs die Niederlassung in Niederaußem. „In der häßlichen Umgebung dieses Gewerbegebietes wollte ich etwas Schönes schaffen und auch Kultur anbieten."

Mehrere Millionen Mark habe er in den Neubau an der Volta-straße investiert. Der Großhandel, ein Einzelhandelsgeschäft und das Museum mit Caféteria sind dort untergebracht. Schon jetzt denkt Heinrichs darüber nach, seine Pfeifenausstellung zu vergrößern. „Ich möchte den Besuchern, Freude an schönen Dingen — Tabak ist ein Genuß — bieten."

Nicht nur alte Pfeifen, auch die passenden Accessoires gehören zur Ausstellung. Darunter ist eine besondere Rarität: eine Sammlung von Schnupftabak-Dosen. „Ein Freund hat mir die Stücke für das Museum zur Verfügung gestellt", so Heinrichs. Darunter seien sogar zwei Dosen, die aus der russischen Zarenzeit stammen.

Neben Schnupf- und Pfeifentabak gab es früher übrigens auch Augentabak. Ein Päckchen davon ist in den Vitrinen ausgestellt. „Während des Zweiten Weltkrie-ges wurde der Augentabak aus Rußland zu uns gebracht. Das Pulver soll tatsächlich über die Wimpern in die Augen gestreut worden sein", berichtete Heinrichs. Auf eine Kostprobe will er allerdings lieber verzichten. Das Museum ist werktags 10 bis 18.30 Uhr, samstags 10 bis 14 Uhr (bis 16 Uhr an langen Samstagen), sonntags 11 bis 17 Uhr geöffnet.

67

Pfeifenmuseum Chateau Henri

Peter Heinrichs, der seit langem in Köln ein Fachgeschäft führt, eröffnete 1994 mitten im Industriegebiet in Bergheim-Niederaußem eine Zweitfiliale gleich neben dem gigantischen qualmenden Kraftwerksturm. Welch ein Wahrzeichen für das „Haus der 1000 Pfeifen", das Heinrichs selbstbewusst „Chateau Henri" taufte. Im Erdgeschoss des Geschäftshauses können sich ambitionierte Raucher durch Hunderte Tabaksorten schnüffeln, feine Zigarren und natürlich mindestens tausend edle Pfeifen erstehen.

Eine kleine Wendeltreppe aber führt den Besucher ins Museum. Fotos aus Kuba und dicke Ohrensessel (Traum eines jeden Pfeifenrauchers) säumen den Weg. In dem kleinen Ausstellungsraum hat der Hausherr viele Gegenstände rund um den Rauch zusammengetragen. Historisches und Kurioses, das die Familie in fünf Jahrzehnten sammelte: eine kleine Kulturgeschichte des Rauchens.

Eine winzige walnussförmige Schnupftabakdose aus Russland gehört ebenso dazu wie ein hübscher indianischer Schweinsblasenbeutel zum Aufbewahren von Tabak oder kunstvoll verzierte ungarische Meerschaumpfeifen. Feuerzeuge aus den fünfziger Jahren, Werbeplakate wie das der alten Zigarrenmarke „Weiße Eule" und eine Zigarrendrehmaschine aus Bünde.

Der kleine Raum ist voll von sehenswerten Gegenständen. Zu den ältesten zählen Tonpfeifen aus dem 16. Jahrhundert. Die teuersten Pfeifen sind die aus Meerschaum, ein sehr wertvolles Magnesiumsilikat, das wie Steinkohle abgebaut wird.

Zu den besonderen Schätzen zählt ein Zigarettenetui des Fliegers Ernst Udet und eine Pfeife Josef Stalins. Wenn Peter Heinrichs selbst im Laden steht und interessierte Besucher kommen, führt er sie gerne selbst durch sein Museum und erzählt und erzählt.

Anschrift:
Voltastr. 17,
50129 Bergheim-Niederaußem

Kontakt:
Tel. 02271/56288
E-Mail: heinrichsp@aol.com
www.pfeife.de

Öffnungszeiten:
Montag - Freitag
von 9 -18.30 Uhr,
Samstag von 9 -16 Uhr

Eintrittspreis:
Eintritt frei

Museen im Rhein-Erft-Kreis

Die Öffnungszeiten des Museums sind während der Geschäftszeiten:
Montag - Freitag 9.00 Uhr -18.30 Uhr, Samstag 9.00 Uhr - 16.00 Uhr,
Sonntag Museum und Lounge 11.00 Uhr – 17.00 Uhr, Feiertags geschlossen.
(Stand Januar 2014)

7. Begegnungen

7.1. Besuch beim Papst 1993

Papst Johannes Paul II. (Amtszeit 1978-2005)

1993 Silberne Hochzeit von Peter und Gertrud Heinrichs.

Professor *Anselm Hertz* ist ein römisch-katholischer Geistlicher und ein hochrangiger Dominikaner-Pater. Er lebte seinerzeit in Rom und besuchte von Zeit zu Zeit Köln. Einige Male im Jahr besuchte er Peter Heinrichs in der Hahnenstraße, wohlwissend um Peters große Gläubigkeit, seine Zugehörigkeit zur katholischen Kirche, und seinem größten Wunsch, einmal zu einer Audienz beim Papst eingeladen zu werden. Zwischen dem Professor und Peter Heinrichs hatte sich eine große geistige Freundschaft entwickelt, und so kam es, dass der Dominikaner-Pater für Peter und Gertrud Heinrichs eine Audienz bei *Papst Johannes Paul II.* ermöglichen konnte. Er selbst hatte beim Papst vorgesprochen. Aus familiären Gründen war es der Familie Heinrichs jedoch leider nicht möglich zum einbestellten Tag im Januar 1993 nach Rom zu reisen. Das wäre ein tolles Geschenk für die beiden anlässlich ihrer silbernen Hochzeit gewesen! Die Absage gefiel dem Dominikaner-Pater natürlich überhaupt nicht, und er formulierte seine Meinung darüber Peter gegenüber sehr präzise. Peter Heinrichs erinnert sich:

„Lieber Peter, hier geht es um Seine Heiligkeit, nicht um den Kölner Karnevalsprinzen, du solltest die große Ehre erkennen und den Termin wahrnehmen."

Der erste Versuch zur Audienz zu kommen scheiterte also.

Peter tat nun alles dafür, um doch nach Rom zu kommen und vom Papst empfangen zu werden. Im April 1993 war es noch einmal so weit: Dominikaner-Pater *Anselm Hertz* hatte den Frust der vorherigen Absage überwunden und alles für die „Heinrichs" organisiert. Peter, Gertrud und Tochter Sandra reisten nach Rom, sie bekamen sogar mit *Pater Stefan*, heute Nuntius in Berlin, eine Begleitperson für den Tag in Rom zur Verfügung. Am folgenden Morgen in der Frühe machten sie sich auf, sie sollten doch bitte um 6.00 Uhr auf dem Petersplatz sein. Alle waren nervös und aufgeregt. Sie wurden bereits erwartet und von einem Schweizergardisten hereingeführt. Der Kommandant übernahm die Führung über den Innenhof in den zweiten Stock eines Gebäudes. Peter schilderte später den weiteren Verlauf des Morgens:

Zu rechter Hand befanden sich die Räume der Vatikan-Regierung und zur anderen Seite hin die Privaträume des Papstes. Wir wurden aller Taschen, Fotoapparate und Unwichtigem entledigt. Der Sekretär des Papstes übernahm die weitere Führung und führte uns in eine kleine Kapelle. Wir warteten dort auf Papst Johannes Paul II. Nach einer Zeit betrat Papst Johannes Paul II. mit seinen Gefolgsleuten die Kapelle. Wir erhielten im Anschluss an die in Lateinisch geführte Messe die heilige Kommunion und wurden danach in sein Büro geführt. Dort entwickelte der Papst eine Unterhaltung und tat kund, in seiner Jugend die Tabakpfeife geschätzt zu haben, manchmal auch ein Zigarillo. Auf seine Frage, welcher Tätigkeit ich denn in der katholischen Kirche nachginge, antwortete ich, nachdem ich vorher eher schüchtern auftrat, mit klaren Worten: „Ich bin ein Lieber-Gott-Fan". (Quelle PH Interview)

Peter Heinrichs bei der Morgenandacht mit *Papst Johannes Paul II.*   (rechts oben)

Gertrud Heinrichs überreichte *Papst Johannes Paul II.* nach der Messe eine „Dom-Uhr" zur Erinnerung an diesen wundervollen Tag. Auf dem Ziffernblatt dieser Uhr war der Kölner Dom abgebildet und auf der Rückseite befand sich die Gravur:

„Heiliger Vater, 1993, Peter Heinrichs"

Gertrud Heinrichs überreicht *Papst Johannes Paul II* im Beisein ihres Mannes Peter und Tochter Sandra die Domuhr

Gertrud und Peter Heinrichs nehmen jeder ein päpstliches Amulett in Empfang

Zum Abschluss der Unterhaltung segnete *Papst Johannes Paul II.* Peter, Gertrud und Tochter Sandra. Er überreichte allen ein Amulett, ein Rosenkranz, welcher sich auch mit ein bisschen Geschick zu einem Bischofsstab umformen ließ. Anschließend gab es ein Frühstück mit Pater Stefan. Danach bereiteten sie sich auf die Rückkehr in ihre Kölner Heimat vor.

Peter Heinrichs, einer der wenigen Kölner, denen die Gelegenheit einer Privat-Audienz vergönnt war, war tief beeindruckt von der Ausstrahlung des Heiligen Vaters.

Lassen wir Peter Heinrichs, in einem Interview zu Wort kommen, das 1998 mit einem Mitarbeiter der „Akademie för uns kölsche Sproch" im Rahmen eines Projektes geführt wurde, das die gesprochene Sprache untersuchte. Daher liest es sich ein wenig eigenwillig. Absicht war jedoch damals möglichst viele Aspekte des Gesprochenen wiederzugeben:

Papstbesuch 1993"

*„Vor drei Johr wood ming Huhzick zum fünfenzwanzigsten Mol jefiert. Ich hatten en Einladung von nem Domenikanerpater, dä en Rom en hühere Position hät. Un die hühere Position führte dozu, dat ich en Audienz bem Papst kräät. Ävver nit su'n Audienz, wie m'r dat so normalerwies fingk, sondern Audienz, wie heiß et, die janz prevat es. Dat heß also, am fröhe Morjen um sechs Uhr moht ich mich am Petersplatz enfinge, dann wood ich avjeholt von denne Schweizerjardiste, wood durch där janzen Palas jeführt un kam schließlich am Aufzoch aan vum Papst. Da saht ich zo minger Frou „Dat es d'm Papst singe Aufzoch. Mir müssen uns benemme." Daraufhin fuhre m'r zwei Stockwerke höher, kamen wieder in einen großen Saal, do moht'e m'r uns Klamotte ustrecke. Dat heiß, mer mohten d'r Mantel ustrecke und de Fotograf de Fotoapparate avjevve.
Un dann kam uns einer avholle, un dann jingke m'e en en klein Kapell, do wor ke Minsch. Un trotzdäm wor eine do. Da säht ming Frou: „Wo es där Papst?" Ich sage „Dä sitz nevve mir." Un dat es, dat dä Herr Papst um sibben Uhr aanjekleidet woode un hät dann de Mess avjehaale. Ich hatt ihm, en der Stund, wor en Stund hät die Mess jedurt. Noh där Stund mohte mir widder rusjon, un d'r Papst bleev setze.
Wie m'r dann en singe Bürro wore, ich hatt ihm von Köln en kölsche Uhr metjebraht, un zwar die Domuhr, hatt ich ihm och graviere lohße un hatt ihm die als Jeschenk überreichen wollen. Dann kom d'r Papst eren un dät mt uns e bessje verzälle üvver de Piefen un esu, dat e ens jerauch hätt ens als junger Mensch. En sehr, sehr netter Mann! Un wie er dann wegjing, hatt ich im dann*

die Uhr noch vürher schnell jeschenkt. Un singe Sekretär, dä uns dann verabschiedete, meinte dann zum Schloss: „Hör ma, Jung! Wenn de't nähste Mol küss, brengs de m'r och eso Uhr met!" (aus Dokumentation „Alles Kölsch")

„Erinnerungen ganz eigener Art geht Tabakhändler Peter Heinrichs am Neumarkt nach. Über eine Freundschaft kamen er und seine Familie 1993 zu einer Privataudienz beim Papst.
Ein Tag, eine Begegnung die mich verändert hat", sagt er. Er hat aus dem Besuch nie eine große Sache gemacht. „Es war nur für mich gedacht." Jetzt ist Papst Johannes Paul II. tot und Heinrichs redet: „Weil er ein Mensch war, der eine unglaubliche Ausstrahlung hatte und dies auch wirklich gelebt hat." „Den toten Heiligen Vater will er nicht sehen - auch nicht im Fernsehen. „Ich halte ihn so, wie er war, in Erinnerung." (Texte aus Samstags-Express

Kölns großer Abschied von *Papst Johannes Paul II*

Das aus der Hand von *Papst Johannes Paul II* erhaltene Amulett hat Peter später auf einer seiner jährlichen Reisen nach Lourdes an einen schwererkrankten Menschen verschenkt und ihm auf diese Weise ohne viel Worte großen Trost spenden können.

7.2 *Arnold Schwarzenegger* am 21. Juni 1997 bei Peter Heinrichs

Das Telefon klingelte ganz normal an einem Samstagnachmittag, kurz vor 16.00 Uhr im Juni 1997 im „Haus der zehntausend Pfeifen" bei Peter Heinrichs in Köln in der Hahnenstraße. Noch konnte keiner ahnen, was sich dort in den nächsten Stunden abspielen sollte

Am anderen Ende der Leitung war *Arnold Schwarzenegger* und bat darum, mit Peter Heinrichs zu sprechen.

Die beiden kannten sich gut. „Arnie" hatte zwei Jahre in Köln gewohnt und in der Sportschule *Karl Blömer*, dem Mr. Universum aus den späteren sechziger Jahren, sein tägliches Aufbautraining im Bodybuilding absolviert. In dieser Zeit suchte „Arnie" häufig Peter Heinrichs in der Hahnenstraße auf. Mittlerweile hatte er seine sportliche Karriere 1980 als erfolgreichster Bodybuilder aller Zeiten beendet. In dieser aktiven Zeit hatte er zahlreiche Titel gewonnen wie Mr. Universum, Mr. Olympia, Mr. World, Mr. International, den nach ihm benannten Titel Mr.-Arnold-Classic und viele mehr. Er wird bis heute als prägende Persönlichkeit des Bodybuildings angesehen. 1999 wurde er in die Hall of Fame der IFBB aufgenommen und erhielt für sein karitatives Engagement im Jahr 2003 den Laureus World Sports Award (Sport for Good Award). (Quelle Wikipedia)

Zum Zeitpunkt des Anrufes bei Peter Heinrichs hatte er bereits noch größere Berühmtheit als Star-Filmschauspieler in Hollywood erlangt. Sein erster großer Erfolg war 1982 der Film „Conan der Barbar", noch erfolgreicher sollte der 1984 zum Kult-Film avancierte „Terminator" werden. Viele Erfolgsfilme folgten. Auszeichnungen gab es wie bereits zuvor im Sport: Golden Globe Special Award, MTV Movie Award, Goldene Kamera, Bambi, viele weitere mehr und später für sein Lebenswerk den Maverick Tribute Award. (Quelle Wikipedia)

Von seiner politischen Karriere als 38. Gouverneur des US- Bundesstaates Kalifornien, von 2003 bis 2010 konnte damals noch niemand etwas wissen, geschweige denn erahnen.

Dieser Mann, diese Legende, bat darum, mit dem *kölschen Original* Peter Heinrichs *Pfeifen Heinrichs* zu sprechen. Peter eilte an den Apparat und nahm das Gespräch entgegen. „Arnie" fragte nach, ob Peter seine Kunden

„ausbedienen" könne, er wäre in wenigen Minuten bei ihm und wolle ihn besuchen, „später dann mehr".

Kurz nach vier Uhr hielten drei große dunkle Limousinen vor dem Geschäft Hahnenstraße an. Den drei Limousinen war eine „Hundertschaft" Pressetross gefolgt, welcher nun von allen Seiten um diese drei Limousinen herum stand.

Arnold Schwarzenegger stieg ungerührt und ganz entspannt aus einer der großen Limousinen. Ihm folgten seine Frau, *Maria Shriver*, geborene Kennedy, Nichte *John F. Kennedys*, dem fünfunddreißigsten Präsidenten der USA, und einer der Bosse der US-Filmgesellschaft „Metro-Goldwyn-Mayer". Sie betraten den Laden, und Arnold begrüßte Peter wie einen Freund aus alten Zeiten. Peter hatte dem Wunsch Arnolds entsprochen und seine Kunden „ausbedient". Drinnen war man unter sich.

Draußen begann sich ein Chaos anzubahnen. Es kamen immer mehr Leute, deren Aufmerksamkeit der Presserummel nicht entgangen war. Nachdem sie den Anlass wussten, wollte viele die Gelegenheit nutzen, einmal ihrem Idol, dem „Terminator", näher zu kommen.

Drinnen wurden die Gäste von Peter Heinrichs herum geführt. Im oberen Stockwerk stießen sie auf einem etwa 70jährigen Herrn. Man hatte wohl vergessen auch ihn „auszubedienen". Dieser stellte sich auf das höflichste bei *Arnold Schwarzenegger* vor, sagte: *„Donner, Horst Donner"* und erhielt zur Antwort „Schwarzenegger". Der ältere Herr schien im wahrsten Sinn des Wortes „vom Donner gerührt" zu sein und blieb auch weiterhin gerne im Geschäft Peter Heinrichs.

Mittlerweile wurde draußen die Geräuschkulisse immer größer, immer mehr Leute blieben stehen. Die Polizei rückte an, die Hahnenstraße vom Neumarkt kommend wurde abgesperrt, und der Verkehr musste umgelenkt werden.

Im Gespräch erklärte „Arnie" seinen überraschenden Besuch bei Peter: *„Er sei den ganzen Juni 1997 auf Promotion-Tour für seinen neuen Film „Batman und Robin", und an diesem Wochenende führte ihn sein Weg nach Köln. Er erinnerte sich seines alten Freundes Peter Heinrichs und wolle nun die Gelegenheit nutzen und ihn dabei unterstützen, die Zigarre wieder oder noch mehr in das Bewusstsein der Genussraucher zu bringen und ihr ähnliche*

Popularität wie in den Vereinigten Staaten von Amerika zu bringen. In dieser Zeit war die Zigarre dort längst zum „Kult" geworden"

„Arnie" stellte sich während der weiteren Unterhaltung immer mehr als netter und sehr professioneller Gesprächspartner heraus. Da er Österreicher ist, kamen die kölsch-deutsche und die österreichische Sprache den beiden natürlich sehr entgegen, und man favorisierte Themen wie Zigarren, die dazugehörenden Accessoires und Gott und die Welt.

Sogar über seine zwei Monate zuvor erfolgte große Herzoperation und das Erneuern einer Herzklappe gab „Arnie" umfangreiche Auskunft und teilte mit, dass es ihm sehr gut ginge, und er sich, wie man im Volksmund sagt, „pudelwohl" fühle.

Man ließ sich Zeit, draußen ging die Post ab. „Arnie" amüsierte das Ganze. Es wurde jedoch ernst, als mehrere Politessen des Ordnungsamtes der Stadt Köln auf dem Vormarsch waren und die drei großen Limousinen abschleppen lassen wollten. Nachdem Peter Heinrichs Ihnen erklärt hatte, welcher prominente Besuch in seinem Laden verweilt, und nach der Aussage Peters, dass nur noch ein paar Fotos im Laden gemacht werden müssen, beruhigten sie sich wieder. Schließlich war „Arnie" auch ihr Idol, und neben allen anderen wollten auch die Politessen den „Terminator" einmal persönlich sehen.

Jetzt war es an der Zeit schnell zu handeln, es wurden noch schnell Erinnerungsfotos mit Arnold, Peter und der Belegschaft gemacht.

Gegen 18.00 Uhr ging ein spontanes Ereignis seinem Ende entgegen. Die Verabschiedung fiel herzlich aus, Arnold versprach Peter Kontakt zu halten und wieder zu kommen. Die beiden hatten den nächsten Kontakt aus geschäftlichen Gründen im Mai 2010 anlässlich des großen Genuss-Events im Hotel Maritim Köln.

Was sie beim Heraustreten auf die Hahnenstraße erlebten, ist Peter Heinrichs unvergesslich geblieben. Das hatte die Hahnenstraße in Köln noch nicht erlebt. Es brauste ein gewaltiger Jubel auf, so gewaltig, wie man ihn in Köln in dieser Lautstärke nur erlebt, wenn man ein Konzert der „Bläck Fööss" oder der „Höhner" besucht.

Kurz nach der Abfahrt der drei Limousinen belagerten die Reporter Peter Heinrichs und stellten ihm viele Fragen: woher er *Arnold Schwarzenegger* kenne, ob er befreundet mit ihm sei, was er im Laden gemacht habe, was er gekauft habe, was er gesagt habe …?

Doch Peter Heinrichs gab keine Auskunft, er schwieg wie ein Grab. Seine Grundsätze, nicht über Freunde und Kunden zu reden, kannten die Reporter nicht, und so zogen sie mit nicht immer glücklichen Gesichtern von dannen.

An diesem Tag konnte man „live" erleben, dass das „Kölner Original Peter Heinrichs", der sich selbst gern als „Schwaadlappe" bezeichnet, sehr wohl zu schweigen weiß, wenn es darum geht, Diskretion zu zeigen.

Arnold Schwarzenegger, Peter Heinrichs und die Belegschaft *Pfeifen Heinrichs* Köln, Hahnenstraße

7.3. *George Hamilton* 1998

Der amerikanische Hollywood-Film- und Fernsehschauspieler *George Hamilton*, bekannt durch viele Fernseh-Serien wie „Denver Clan", „Roots", „Colombo", „Die Macht des Geldes", „Zorro", „Der Pate Teil III" und viele mehr, war mit einer neuen Zigarren-Marke auf einer Promotion-Tour durch Deutschland. Was lag näher als dem Pfeifen- und Zigarren-Domizil in der Domstadt einen Besuch abzustatten?

Eines der großen Ziele der Tournee war sein Besuch am 27. November 1998 im Hause Peter Heinrichs in Köln in der Hahnenstraße und sein Besuch am nächsten Tag im „Chateau Henri" in Niederaußem zum regelmäßig stattfindenden „Smokertreff".

Was meinte der berühmte Schauspieler bloß damit, als er angesichts einer leckeren Zigarre in Köln von „Liebe auf dem ersten Blick" sprach? War es Liebe zur Zigarre oder jene zum Hause *Pfeifen Heinrichs*? Nun, möglich oder verständlich wäre ja durchaus beides gewesen. Der Besucher war extra aus London eingeflogen, um hier eine neue Zigarre vorzustellen. *George Hamilton* zeigte während dieser zwei Event-Tage bei *Pfeifen-Heinrichs* keine Publikumsscheu und ließ sich fernab aller Staralüren bereitwillig mit seinen Fans, Peter Heinrichs, dessen Familie und natürlich auch mit der neuen Zigarre ablichten. Der Mime gab sich gesellig und schrieb so manchem Genussfreund eine nette Widmung in die in großer Zahl erhältliche Zigarrenliteratur.

Der Abschied von Köln fiel *George Hamilton* sichtlich schwer, hatte er doch mit Peter Heinrichs all das „live" an diesem Wochenende erleben können, was so ein *„kölsches Original"* in *„Kölsch - Amerikanisch"* alles so von sich geben kann.

George Hamilton, Hollywood-Star besucht Peter Heinrichs im „Château Henri!

7.4. *Bill Clinton*, Juni 1999

Der G8-Gipfel 1999 in Köln war das 25. Gipfeltreffen der Regierungschefs der Gruppe der Acht. Das Treffen fand vom 18. Bis 20. Juni unter dem Vorsitz des deutschen Bundeskanzlers *Gerhard Schröder* statt. Die Gruppe der Acht fasst die größten Industrienationen der Welt zusammen und lässt Staats- bzw. Regierungschefs der G8 und Vertreter der Europäischen Union jährlich an einem anderen Ort auf der Welt zusammen kommen.

Tagungsorte in Köln waren das Museum Ludwig, der Gürzenich und das Römisch-Germanische Museum.

Im „Château Henri" in Niederaußem klingelte an einem dieser Tage das Telefon. Ernstzunehmende amerikanische Gesprächsteilnehmer auf der Gegenseite teilten mit, dass der anlässlich des G8-Gipfels in Köln weilende 42. Präsident der Vereinigten Staaten von Amerika, *Bill Clinton*, begleitet von seiner Gattin *Hillary Clinton,* gerne privat bei Peter Heinrichs in Köln, Hahnenstraße, einkaufen würde.

Gesagt, getan. Die Vorbereitungen für den hohen Besuch begannen in Windeseile, größte Sicherheitsvorkehrungen wurden getroffen, höchste Geheimhaltung war gefordert, keine Pressemitteilung vor, während und nach dem Besuch des Präsidentenpaares. Der Besuch wäre privater Natur und sollte in völliger Abgeschirmtheit vonstattengehen. Aus diesem Grunde können diesem Bericht auch keine Bilder hinzugefügt werden.

Wenige Minuten vor zweiundzwanzig Uhr war es soweit.

US-Präsident *Bill Clinton* betrat mit seiner Gattin das Geschäft *Pfeifen Heinrichs* an der Hahnenstraße. Beide wurden von Peter Heinrichs auf das freundlichste begrüßt und beide standen ihm hierbei in nichts nach. Man verstand sich auf Anhieb und kam nach einiger Zeit der freundlichen Worte den Wünschen der beiden prominenten Kunden nach.

Hier begann der Punkt der absoluten Vertraulichkeit. Es ist bekannt, dass Peter Heinrichs zu keiner Zeit Auskunft darüber gibt, was ein Kunde bei ihm eingekauft hat bzw. welche Worte zwischen ihnen gewechselt wurden. So hätte sich Peter Heinrichs übrigens auch für jeden anderen Freund und Kunden, ohne prominenten Namen verhalten.

Die spätere Verabschiedung von den „Clintons" erfolgte in einem sehr freundschaftlichen Umgang miteinander.

Nach der Erfahrung dieses hohen Besuches aus Amerika würde es Peter Heinrichs sehr gerne erleben, den einen oder anderen Präsidenten der Vereinigten Staaten von Amerika in seinem Geschäft begrüßen und bedienen zu dürfen.

8. Erfolge und Ehrungen

8.1. Deutscher Handelspreis 1996

Peter Heinrichs ist eine „Institution in der Tabakwarenbranche", lautet die Meinung des Kuratoriums des Deutschen Handels über Peter Heinrichs.

Das Kuratorium, dem auch die Industrie- und Handelskammer Köln und der Hauptverband des Deutschen Handels angehören, zeichnet in jedem Jahr einen Preisträger aus, dessen unternehmerische Leistungen der jeweiligen Handelsforum-Anforderung entsprechen. Im Jahr1996 sind es die „Innovativen Verkaufskonzepte".

Anlass für diese außerordentliche Auszeichnung für Peter Heinrichs war der lange schwere und sehr erfolgreiche Weg über den Tabakwaren-Großhandel zum Tabakwaren-Einzelhandel, der ihm den Titel „Institution der Tabakwaren-Branche" einbrachte.

Der „Deutsche Handelspreis 1996" wurde am Mittwoch, dem 25. September 1996, im Rahmen des 13. Kölner Handelsforums im Kölner Museum Ludwig durch *Holger Wenzel*, Hauptgeschäftsführer des Deutschen Einzelhandelsverbandes, an Peter Heinrichs, Tabakwaren-Fachhändler in Köln verliehen.

Die Laudatio hielt *Lovro Mandac*, Vorstandsvorsitzenden der Kaufhof Warenhaus AG.

Lovro Mandac überreicht Peter Heinrichs den Deutschen Handelspreis 199

v. l. *Lovro Mandac, Gertrud und Peter Heinrichs, Holger Wenzel*

Zur Verleihung des „Deutschen Handelspreises 1996" wurde Peter Heinrichs von seiner Ehefrau *Gertrud Heinrichs* begleitet. Wie Peter Heinrichs es zu keinem Zeitpunkt unerwähnt ließ, gilt Ehefrau *Gertrud Heinrichs* als unersetzliche Partnerin an seiner Seite, ohne die es nicht zu dieser Preisverleihung gekommen wäre. Der Erfolg kam nicht von allein, alles wurde von den beiden hart erarbeitet.

„Kunden und Freunde" schätzen Peters Verhalten ihnen gegenüber sehr hoch ein, garantiert es ihnen doch eine kompetente und sachkundige Ansprache, Zuverlässigkeit, Service und eine hohe Gastfreundlichkeit und sie kommen gerne wieder.

Der Schlüssel zum Erfolg!

Die ständige Umsetzung neuer Verkaufskonzepte und das Umsetzen neuer Ideen brachten Peter Heinrichs dazu, zu jeder Zeit seine Kunden davon zu überzeugen, dass er der „Beste Tabakwarenhändler" weit und breit sei, und die Verleihung des „Deutschen Handelspreises 1996" kein Zufall war und zu Recht erfolgte.

Zu diesem Zeitpunkt 1996 galt Peter Heinrichs bei vielen Bürgern Kölns schon als *„kölsches Original"* der Gegenwart.

„Vor mir waren und sind alle gleich, ob der „Freund" Herr Schmitz oder Herr Direktor Schmitz hieß". (Zitat Peter Heinrichs)

„Der Kunde ist mein Freund, und da ich möchte, dass meine Freunde zufrieden sind, begegne ich ihnen entsprechend". (Zitat Peter Heinrichs)

Durch die ständige Erweiterung seines Geschäftsumfeldes wurde der kölsche Dialekt auf sehr sympathische Weise in die ganze Welt getragen. Oft auch auf kölsch-englisch oder amerikanisch. Die Kunden mochten es.

Im Jahre 2010 gilt Peter Heinrichs, seit 2003 wieder *„Pfeifen-Heinrichs"*, laut international anerkannten Herstellern, Händlern und Kunden als größter Pfeifen- und Zigarren-Händler weltweit.

DEUTSCHER HANDELS PREIS

1996

Für seine herausragenden Leistungen erhält

Peter Heinrichs

„Haus der 10.000 Pfeifen", Köln

den

Deutschen Handelspreis 1996

Die Kaufhof Warenhaus AG,
Stifterin des diesjährigen Handelspreises,
und das Kuratorium des Deutschen Handels würdigen
damit die Unternehmerpersönlichkeit

Peter Heinrichs.

Mit außergewöhnlichem Engagement, Ideenreichtum
und innovativer Kreativität hat er sein Unternehmen zu einem
Markenzeichen in der großen weiten Welt gemacht.
Wer an Pfeifen denkt, denkt an Heinrichs.
Mit seinem „Haus der 10.000 Pfeifen"
leuchtet ein Star par excellence am
Sternenhimmel.

Lovro Mandac
Vorstandsvorsitzender der
Kaufhof Warenhaus AG

Dr. Uwe Vetterlein
Industrie- und Handelskammer
zu Köln, für das

KAUFHOF
Warenhaus AG

KURATORIUM
DES
DEUTSCHEN
HANDELS

8.2. Weitere Ehrungen

Aufnahme in die „Académie Internationale de la Pipe"

Peter Heinrichs wurde in einem Festakt in Budapest für sein internationales Engagement in Sachen Erforschung der Bruyere-Holz-Pfeifen und der Gründung seines internationalen Pfeifenmuseums „Chateau Henri" in Niederaußem geehrt.

Im Rahmen eines großen Gala-Banquets im Ungarischen Nationalmuseum in Budapest ist Peter Heinrichs am 08.Oktober 2009 als Mitglied in die „Académie Internationale de la Pipe" aufgenommen worden.

Bei der Académie handelt es sich um einen illustren Kreis von Pfeifenliebhabern aus aller Welt. Die Aufnahme in die 1984 auf Initiative des Franzosen *André-Paul Bastine* gegründete „Académie Internationale de la Pipe" ist bei weitem nicht so einfach wie manche das Denken mögen. Mindestens zwei Mitglieder der Académie müssen einen Kandidaten als neues Mitglied vorschlagen und ihren Vorschlag ausführlich begründen. Nur dann wird überhaupt darüber befunden, ob dem Kandidaten die Mitgliedschaft angetragen wird.

Ziel der Académie ist es, Wissen über die Pfeife und ihren Gebrauch in „allen Epochen, in allen Erdteilen und unter allen Gesichtspunkten, sei es kultureller, künstlerischer, wissenschaftlicher, soziologischer oder ethnografischer Art" zu sammeln und zu erhalten. „Zu diesem Zweck führt sie Persönlichkeiten unterschiedlicher Nationen und Horizonte zusammen, die von Berufs wegen oder aus purer Leidenschaft in der Lage sind, ihren Beitrag zu dieser gemeinsamen Forschung zu leisten", heißt es seitens der „Académie". Genau deshalb wurde jetzt auch Peter Heinrichs durch den Grand Master *Peter Davey* in den Stand eines so genannten „Akademikers" erhoben.

Bei den „Akademikern", dem höchsten Stand der Mitglieder, „handelt es sich um Persönlichkeiten aus verschiedenen Disziplinen, die in der Lage sind, die Forschung zur Geschichte der Pfeife und ihres Gebrauchs voranzutreiben", erklärt die Académie. „Der Titel eines „Akademikers" wird durch Ergänzungswahl durch die Academie auf Lebenszeit erteilt. Die Anzahl der „Akademiker" ist auf 30 begrenzt. Aus Tradition sind nicht mehr als zwei „Akademiker" pro Land vertreten", wird präzisiert.

Derzeit zählt die Academie zusätzlich rund 30 korrespondierende Mitglieder aus zwölf Ländern. Aus Deutschland gehören *Werner Rahn, Franz Wandinger, Kurt Eggemann*, Präsident des VDP, *Verband Deutscher Pfeifenraucher e.V.* und

Natascha Mehler dazu. Aus Irland gehört Peterson-Chef *Tom Palmer* zu den korrespondierenden Mitgliedern, aus Dänemark *Leif Slot*, Vize-Präsident des Comité International des Pipe Clubs (CIPC) und Herausgeber des Piber & Tobak-Magazins, aus Portugal *José Manuel Lopez*, der das Nachschlagewerk *Cachimbos* und *Pipes* geschrieben hat.

Peter Heinrichs vor der Aufnahme in die „Académie Internationale de la Pipe"

PH bei der Ehrung zum „Akademiker" durch den Grandmaster *Peter Davey*

PH und *Kurt Eggemann*, Mitglieder der „Academie Internationale de la Pipe"

100-jähriges Bestehen der Firma *Pfeifen Heinrichs* in Köln und 45-jähriges Bestehen der Firma *Peter Heinrichs*, Köln und Niederaußem

Verleihung der „Goldenen Berliner Kollegiumspfeife 2008"
Tabakskollegium Berlin
Verleihung *der* „Goldenen Verbandsnadel" Verband Deutscher Pfeifenraucher e.V.

Der 06.09.2008 war ein besonderer Tag für Peter Heinrichs, seine Familie, seine Mitarbeiter und seine Freunde aus aller Welt. Es durfte gefeiert werden: 100 Jahre *Pfeifen Heinrichs* und 45 Jahre Selbstständigkeit Peter Heinrichs.

Geladen war in das Château Henri in Niederaußen. Die etwa 500 erschienenen Gäste machten es dem „echt kölschen Jung" Peter Heinrichs leicht, sich als glücklichster Mensch einer großen Tabak- und Genuss-Welt zu fühlen. Seiner Meinung, dass es doch viel schöner sei, diese Jubiläen im Kreise von so vielen Freunden anstatt alleine zu feiern, widersprach niemand.

Vor den üblichen Begrüßungsreden anlässlich solch hochkarätiger Jubiläen fanden das Museum, das Geschäft mit seinem großen Warenangebot und das Galabuffet höchste Beachtung der Gäste. Danach zündete sich so manch eine Dame oder Herr eine hervorragende Zigarre oder eine sehr gute Tabak-Pfeife mit einem sehr guten Pfeifen-Tabak an und begann sich jetzt erst richtig wohl zu fühlen.

Ein besonderer Höhepunkt dieses Abends war die vom „Berliner Tabakskollegium" ausgelobte „Goldene-Kollegiums-Pfeife 2008" für Peter Heinrichs. *Nils Thomsen* gratulierte Peter Heinrichs zu seinen besonderen Verdiensten in der „Branche Pfeife und Tabak" und zeichnete ihn aus.

Das von *Nils Thomsen* getextete Pfeifenlied „Die Pfeife ist des Mannes Lust" auf die Melodie eines uralten Wanderliedes mit eigens für Peter Heinrichs ergänzten Strophen sangen alle begeistert mit.

Peter nahm danach ergriffen das Mikrofon und legte aus dem Stand eine großartige Rede hin, über all das, was ihn so bewegte und auf der Zunge lag. Ganz besonders herzliche Worte fand er für seine Familie, insbesondere für seine Frau Gertrud. Nach diesen Worten folgte langanhaltender Applaus, und es gab nichts hinzuzufügen.

Der Präsident des VDP-Verband Deutscher Pfeifenraucher e.V. und des 1979 gegründeten 1.Kölner Pfeifenclub „De Pief es uss", *Kurt Eggemann*, gratulierte seinem Freund Peter Heinrichs zu den beiden Jubiläen und zur Ehrung der „Goldenen Pfeife" des Berliner Tabakkollegiums.

Er bedankte sich auch im Namen aller VDP-Pfeifenraucher-Clubs für Peters bisherige Aktivitäten und verlieh ihm die goldene Verbandsnadel des VDP.

Das Genuss-Event „Smoker-Treff" zum hundert- und zum fünfundvierzigjährigen Firmenjubiläum der Familie Peter Heinrichs war nach dem Ende der Reden und Ehrungen noch lange nicht zu Ende…und wird allen Teilnehmern bestimmt unvergesslich bleiben.

Mitglieder des Berliner Tabakskollegiums gratulieren PH

v.l. Gertrud, und Peter Heinrichs, *mit Nils Thomsen bei der Ansprache*

Nils gratuliert Peter zur „Goldenen Berliner Kollegiumspfeife" 2008

100 Jahre *Pfeifen Heinrichs – 45 Jahre Peter Heinrich*

Das Pfeifenlied des Berliner Tabakkollegiums:

Vorgetragen von *Nils Thomsen*, Pfeifenmacher aus Berlin, mitgesungen haben die Gäste des Jubiläum-Smokertreffs 100 Jahre *Pfeifen Heinrichs* am 6. September 2008

Melodie: „Das Wandern ist des Müllers Lust"

1. Die Pfeife ist des Mannes Lust, die Pfeife ist des Mannes Lust – die Pfeife. Das muss ein schlechter Raucher sein, der niemals hält seine Pfeife rein, und wär' die Pfeife noch so klein – die Pfeife.

2. In jedem Haushalt, groß und klein, muss füglich eine Pfeife sein – die Pfeife. Die Frau, die ihren Mann versteht, versichert es ihm früh und spät, dass wohl nie im Wege steht – die Pfeife.

3. Nicht jeder nennt 'ne große sein, bei manchem ist die Pfeife klein – die Pfeife. Doch möge keiner traurig sein, die Pfeife, die recht nett und klein, geht leichter ins »Etui« hinein – die Pfeife.

4. Bleibt man zu Hause dann und wann, greift schnell man zu der Pfeife dann – der Pfeife. Und ist der Tabak mal zu End', sorgt man für neuen gleich behänd', und freut sich, dass die Pfeife brennt - die Pfeife.

5. Schon oft, wenn Sorge mich bedrückt, hat mich die Pfeife neu erquickt – die Pfeife. Und ruft der Tod mir einstmals zu, »Jetzt, Freundchen, mach' die Klappe zu«, dann geht die Pfeife auch zur Ruh' – die Pfeife.

Strophen für Peter:

1. Seit hundert Jahren Pfeifenland, geführt mit Herz und Sachverstand – in Köhölle. Dass muss 'ne blinde Pfeife sein, die niemals schaut in Niederaußem 'rein, die niemals schaut bei Peter 'rein – bei Peter.

2. Denn Peter Heinrichs baute sie, die Läden und »Chateau Henry« – Chateau Henry. Drum lasst uns heute alle feiern hier, mit Pfeife, Tabak und `nem Glas voll Bier,
dem Peter Heinrichs danken wir – wir danken Dir!" (Text Nils Thomsen, Berlin)

9. Lebenserfahrungen und Lebensweisheiten des Kölner Tabakwarenhändlers

Peter Heinrichs nimmt auch zu vielen Themen seines Lebens Stellung. Er antwortet gerne, wenn man ihn nach seiner Heimatstadt Köln befragt.

Es gibt eine Menge falscher Vorstellungen und Missverständnisse im Zusammenhang mit Köln und der Kölner Lebensart, mit denen Peter Heinrichs im Laufe seines Lebens so seine Erfahrung machte. Vorstellungen oder Missverständnisse, die die „Imis" von den Kölnern haben: Dazu kann er immer eine Anekdote aus seinen Begegnungen mit Nicht-Kölnern, den sogenannten „Imis", berichten.

Hierzu einige Beispiele:

Karneval ist noch lange nicht kölsch.

„Die Leute meinen, wir hätten hier das ganze Jahr Karneval und es ginge hier immer so zu wie in der Zeit von Weiberfastnacht bis Rosenmontag. Man muss denen klar machen, dass das nicht stimmt. Wir haben an 360 Tagen im Jahr keinen Karneval, und ich bin an den verbleibenden fünf anderen Tagen auch nicht lustig."

Der Kölner hat auch eine ausgesprochene Liebeswürdigkeit; die ist aber wiederum typisch kölsch und nicht rheinisch, denn in Münster ist diese Art, auf die Leute zuzugehen, nicht zu finden.

„Köln liegt nicht nur geographisch etwa in der Mitte, sondern auch und vor allem im Herzen von Deutschland"

Katholisch ist nicht dasselbe wie kölsch-katholisch.

„Mer sin zwar katholisch, ävver mer driehe uns dä leeve Gott su wie mer ihn han wolle". Wir (Kölner) sind zwar katholisch, aber ob der Herrgott katholisch, evangelisch oder buddhistisch ist, wissen wir nicht. Das hat er uns nicht offenbart. Der liebe Gott hat ja auch nichts gesagt über den Zölibat, sondern er hat mal gesagt „Geht hin und vermehret Euch!"; und wenn das nicht so wäre, wären wir auf der Erde schon längst ausgestorben."

Der Kölner hat Humor.

Was auch immer die Imis unter kölschen Humor verstehen mögen, Peter Heinrichs meint dazu: *„Der Kölner ist nicht humorvoll, sondern der Kölner nimmt sich selbst nicht so wichtig, und vielleicht gerade deshalb kann er Situationen, bei denen er nicht gerade als Gewinner dasteht, auch immer noch eine gute Seite abgewinnen – nach dem Prinzip, et hät noch immer god gegange – und vor allem hat er es nicht nötig anzugeben, zu strunze, wie man auf Kölsch sagt, denn „in Köln, wo viele Millionäre wohnen, gibt es nicht so viele Rolls Royce Fahrer wie in Düsseldorf"*.

Der Kölner ist FC-Fan.

„Der Kölner jubelt und leidet mit dem FC und glaubt an den FC, obwohl im FC gar keine Kölner spielen. Die Kölner beweisen damit ihre Leidensfähigkeit. Sie gehen zum Spiel und der FC verliert. Dann gehen sie ein Kölsch trinken und hoffen auf das nächste Spiel. Sie glauben an ihren Verein und halten ihm die Treue. Man denke nur an das Lied „Mir stonn zo dir, FC Kölle". Das ist die Auffassung von Treue, nämlich gemeinsam durch Höhen und vor allem durch Tiefen zu gehen, die der Kölner damit unter Beweis stellt",

Der Kölner muss trinken, um Spaß zu haben.

„Auch das trifft in dieser Verallgemeinerung nicht zu, wird aber irrtümlich von Nicht-Kölnern so aufgefasst und von ihnen zum Anlass genommen, sich während der sogenannten tollen Tage (dem Straßenkarneval) sinnlos zu betrinken und fern der Heimat sich all das zu erlauben, was einem zu Hause nicht erlaubt ist. Peter Heinrichs ist ein Beispiel für den Kölner, der das nicht nötig hat. Er sagt, er trinkt nicht, aus dem einfachen Grund, weil es ihm nicht schmeckt. Aber – und damit kommt eine weitere Eigenschaft des Kölners ins Spiel, nämlich die Toleranz („levve un levve looße un mer muss och gönne künne") – Peter Heinrichs hat es gern, wenn die anderen etwas trinken und nicht er".

Kölsch ist ein Dialekt.

„Fremde verwechseln die kölsche Sprache mit Karneval. Nicht selten passiert es „enem" Kölner in der Fremde, dass er mit einem fröhlichen Alaaf begrüßt wird, sobald er den Mund aufmacht und damit seine Herkunft mitteilt. Dabei ist Kölsch eine eigenständige Sprache, die jedoch in ihrer ursprünglichen Form und Vielfalt immer weniger gesprochen wird. Das hat sicher auch damit zu tun,

dass Kölsch in den letzten Jahrzehnten verpönt war. Wer nur Kölsch sprach und nur Kölsch sprechen konnte, war „en Krad" Wenn auch die Sprache weniger gesprochen wurde, so hat sie sich doch im Karnevalistischen erhalten, gerade auch und besonders durch die bekanntesten Mundartgruppen Bläck Fööss und Höhner. Allerdings hat sich wiederum in den letzten Jahren das Blatt wieder gewendet und heute wird auch und gerade von jüngeren Leuten die Sprache geschätzt".

Wie der Kölner heutzutage zu seiner Sprache steht.

„Im Alltag wird Wert darauf gelegt, zu zeigen, dass man auch Hochdeutsch sprechen kann. Aber viele, die in ihrer Kindheit zu Hause nur Kölsch gehört haben, sehnen sich danach zurück, diese Sprache wieder zu hören. Heute hört man sie im Kölner Hänneschen Theater, in der Akademie för uns kölsche Sproch, in Kölner Theatern und im Kölner Karneval.
Kölsch ist für den Kölner Ausdruck seines Wesens, seiner Lebensart. Kölsch kann man nicht nur trinken, sondern auch „schwaade".

In Peter Heinrichs Geschäft fanden und finden sich viele ein, die kölsch „schwaade künne" und „schwaade". Zum Beispiel, *Volker Gröbe*, ehemaliger Leiter der Akademie för uns kölsche Sproch, *King Size Dick*, *Tommy Engel*, *Anton Fuchs* und viele andere mehr.

10. Äußerungen von Kölnern und Nichtkölnern über Peter Heinrichs

„Peter Heinrichs ist Tabakwarenfachhändler mit Geschäften in Köln und Bergheim-Niederaußem. Manchem Aficionado und manchem Pfeifen-Liebhaber ist er gar „der Fachhändler" in Deutschland. Nicht zuletzt deshalb ist er ein erfolgreicher Geschäftsmann. In erster Linie ist Peter Heinrichs aber ein Unikum - ein kölsches Original".

(Quelle Internetportal Smokersplanet.de)

„Er macht nix, was die anderen auch machen".

***(Josef Esser,* erblindeter Tandemfahrer „Weiße Speiche e.V." *Köln* auf die Frage, warum Peter Heinrichs ein *Kölsches Original* sei.) (Quelle Interview)**

„Herr Heinrichs war seinerzeit zu einem Vortrag des Weihbischofes Manfred Melzer in Köln-Bayenthal. Der Weihbischof hatte bereits seinen Vortrag begonnen. Da auf einmal geht die Tür auf, und Peter Heinrichs kommt herein: „ Ach, guten Abend zusammen, ich sehe, ihr habt schon angefangen", sprach es laut und setzte sich auf einen freien Platz. Weihbischof Manfred Melzer konnte in seinem Vortrag fortfahren, und Peter Heinrichs hatte seinen Auftritt." Herr Mommerts über Peter Heinrichs: *„er ist ein guter Freund, sehr sympathisch, viel beschäftigt und ein ganz besonderer Mensch".*

(Ernst Mommertz, Gründer der gemeinnützigen Kölner Stiftung „Der Sack e.V." auf die Bitte, etwas zu Peter Heinrichs zu sagen, Quelle *Ernst Mommertz* Interview *Heide Salentin*)

„Peter Heinrichs ist für mich ein kölsches Original, er ist typisch Kölsch, grundehrlich, er hängt an Köln, engagiert sich für soziale Belange in Köln, ohne selbst darüber zu reden. Er vermittelt mir das Auftreten eines Kölner Patrizier-Kaufmannes aus längst vergangenen Jahrhunderten. Das Wort gilt."

(Quelle Interview mit *Alexander Vasilic*, Kerpen, Kunde Peter Heinrichs seit über 30 Jahren)

Wer wie Peter Heinrichs in der Welt zuhause ist, aber sein Herz in Köln hat, seine Kunden als Freunde bezeichnet und auch so behandelt, sich ohne Aufhebens sozial engagiert, u.a. dem Papst und Bill Clinton begegnet ist, mit einem Truck voller Zigarren und Tabak durch Köln fährt, die 11 kölschen Gebote streng befolgt, Hochdeutsch nur in der kölschen Variante spricht – und das alles immer ohne Promille - , der ist für mich zweifelsfrei ein kölsches Original.

(**Horst Werner**, Dipl.-Ing. aus Köln-Brück)

11. Persönliches Interview mit Peter Heinrichs, Sonntag, dem 07. Nov. 2010

Peter, wie geht es dir?

Heute ist Sonntag, da bin ich in Niederaußem, dann geht es mir immer gut. Nachdem ich die ganze Woche in meinem Kölner Geschäft gewesen bin, bin ich hier der Sonntagskönig.

Im Gegensatz zu den Originalen des vergangenen Jahrhunderts, die sich keine Gedanken mehr über ihre Zukunft machen müssen, Frage an dich: Was ist dein nächstes Projekt?

Mein nächster Event ist am 02.04.2011, da ziehe ich meinen 65. Geburtstag etwas vor. Sollte ich den nicht erleben, dann habe ich wenigstens den Event mit Freunden gehabt. (PH schmunzelt)

Es handelt sich um eine großangelegte Pfeifen- und Zigarrenshow im Hotel Maritim Köln, wo mehrere hundert Freunde und Gäste erwartet werden.

Und was ist privat dein nächster Event?

Ich hoffe, dass wir bald die Enkelkinder auf zehn voll kriegen. Das ist für mich wichtig, denn dann habe ich mit meiner Frau im Leben eine Spur hinterlassen.

Jemand hat einmal über dich gesagt: Peter Heinrichs macht immer das, was die anderen nicht machen. Was, aus deiner Sicht, meinte er wohl damit?

Er meint, dass ich grundsätzlich nie die Sachen mache, die andere Leute auch machen. Ich kopiere keinen, ich bin einzigartig – so wie übrigens jeder Mensch einzigartig ist. Ich mache grundsätzlich Dinge, die ich persönlich aus dem Bauch heraus für richtig empfinde. Und ich war mit den Ergebnissen bisher zufrieden. Natürlich habe ich auch viele Fehler gemacht. Aber ich trauere nie der Vergangenheit nach. Was gestern war, ist heute erledigt. Das kann ich nicht mehr ändern. Ich kann nur heute etwas ändern. Man muss versuchen, aus Fehlern zu lernen.

Was bedeuten Freiheit und Unabhängigkeit für dich?

Sehr viel. Freiheit besteht ja nicht darin, dass man reich und automatisch unabhängig ist. Freiheit hat eigentlich jedes Lebewesen auf diesem Planeten, nur die Menschen kasteien sich manchmal selber. Das heißt, sie lassen es zu, ihre Freiheit zu verlieren. Zum Beispiel Leute mit Vermögen und einem Haus: warum verkaufen sie das nicht und leben von dem Kapital, so wie sie es gerne möchten? Weil sie immer glauben, sie müssten Geld zur Verfügung haben, sollte ihnen etwas Schlimmes passieren. Was kann einem schon schlimmes widerfahren? Dass das Geld kaputtgeht oder man zum Sozialfall wird? Als Sozialfall wirst du genauso gepflegt wie jemand, der das Geld dazu hat.

Was sind deine hervorragenden (typischen) Eigenschaften?

Meine positiven Eigenschaften sind Pünktlichkeit, Korrektheit und Fleiß. Das sind aber Eigenschaften, die ich mir nicht selber angeeignet habe, das habe ich einfach so mitgekriegt. Meine negative Eigenschaft: Ich bin ziemlich ehrgeizig. Ehrgeiz ist zwar auch gesund. Aber ich übertreibe es manchmal, weil ich dann nicht nach rechts und links sehe und nicht merke, dass die anderen nicht mitziehen können.

Gibt es jemand, den du als Lenkung oder auch als Bremse akzeptierst?

Meine Frau - die kennt mich besser als ich mich kenne. Die weiß, wie ich reagiere und wie ich denke. Ich habe noch nie eine Scheckkarte besessen. Um so etwas habe ich mich nie gekümmert. Ich war nie ein Mensch der Sicherheit. Ich habe immer Trapezkünstler gespielt. Ich habe Geld immer nur als Bewegungsposten gesehen, nie, um es zu horten. Ich habe mir nie Gedanken gemacht, ob ich arm oder reich bin. Ich bin reich, ja, reich an innerlicher Freude, weil ich viele Freunde und meine Familie habe. Das ist für mich Reichtum.

Welcher Traum in Köln ist noch unerfüllt, bzw. offen? Hast du noch Wünsche?

Die Stiftung „Der Sack e.V." hat es fertiggebracht, dass immer mehr Kölner Familien genug zu essen haben, das finde ich gut, und es ist mein Bestreben weiter daran zu arbeiten und Menschen wie Ernst Mommertz und Pfarrer Meurer dabei zu unterstützen.

Mein Wunsch ist es, meine Firma noch breiter nach außen darzustellen, und Köln bekannter zu machen. Früher wusste jeder Tabakwarenhändler in Kalifornien, wer ich bin und das ich aus Köln komme, aber keiner wusste, wo Köln lag, und erst durch mich haben sie erfahren, wo Köln ist. Darauf bin ich ein bisschen stolz.

Was ich mir von den Kölner Politikern wünschen würde, wäre, den Neumarkt wieder als Parkanlage umzugestalten, wie früher, den Heumarkt und die Ringe als Flaniermeilen wie z.B. den Kaiser-Wilhelm-Ring, wieder herzustellen. Was die Politiker zum Glück nicht geschafft haben, dass sie den Melatenfriedhof verlegt haben. Den hätten sie am liebsten aus der Stadt in ein am Stadtrand befindliches Gewerbegebiet verlegt und den alten Platz in ein Wohngebiet für tausende Leute umgewandelt.

Gottseidank, nur den Dom können sie nicht nach links und rechts versetzen. Man könnte die Stadtgestaltung gemütlicher machen, dazu bedarf es auch keines Albert Speer. Wir brauchen auch keine schnellere Verkehrsführung, sondern Flaniermeilen wie in anderen Städten.

Ich habe schon vor zwanzig Jahren gesagt, die KVB könnte wesentlich weniger Verluste machen, wenn sie alle Leute umsonst fahren ließe. Keine Automaten und weniger Personal. Das freigestellte Personal könnte an anderen Stellen wesentlich sinnvoller eingesetzt werden, - und viele Menschen würden eher mit der KVB fahren.

Was bedeutet Familie für dich?

Das Wichtigste sind für mich meine Familie und der liebe Gott. Der liebe Gott, das habe ich immer gesagt, ist für mich das Wichtigste. Ich bin da kölsch-katholisch, d.h. den drehe ich mir manchmal so, wie ich ihn am liebsten haben will. Meine Firma ist mir selbstverständlich sehr wichtig, ist doch meine Familie komplett darin integriert. Meine Frau hat mit mir die Firma aufgebaut, alle drei Töchter haben in der Firma gelernt, auch die Enkelkinder verdienen sich hier ihr Taschengeld.

Könntest du dir vorstellen mal als Hänneschenfigur im Theater verewigt zu werden?

Ich weiß nicht, ob ich so wichtig bin, man soll es nicht übertreiben mit der Wichtigkeit.

Peter, vielen Dank für das Gespräch.

12. Anhang

12.1. Familien-Stammbaum *Pfeifen Heinrichs* gegr. 1908

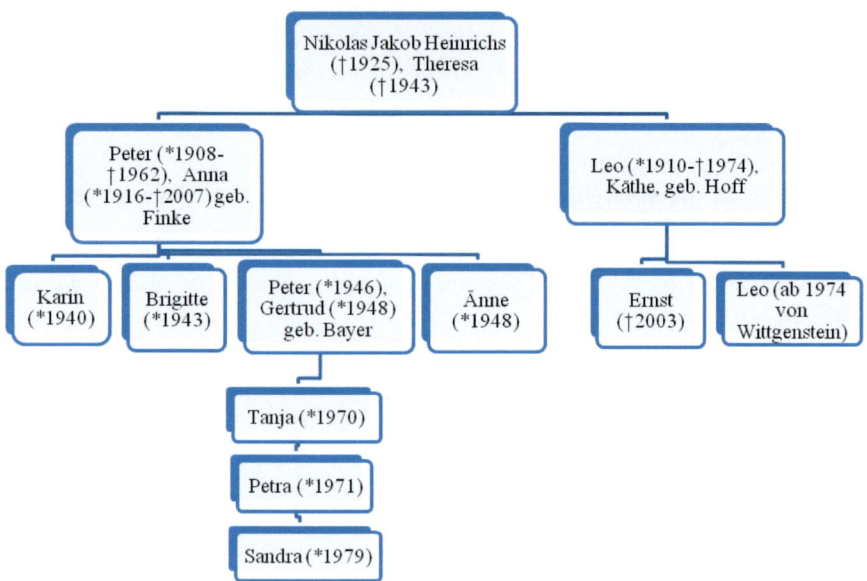

(Quelle PH Interview)

12.2. Chronik aller bekannten Geschäfte der *Pfeifen-Heinrichs* Familie seit 1908

1908-1925: Eröffnung *Pfeifen Heinrichs* Marzellenstraße. In dieser Zeit kamen die Filialen Machabäer Straße und Heumarkt hinzu.

1925-1939: Nach dem Tode *Nikolas Jakob Heinrichs* Fortsetzung der drei Geschäfte durch *Theresa Heinrichs, Peter Heinrichs sen.* und *Leo Heinrichs*. Zu Kriegsbeginn werden alle drei Läden geschlossen.

1947-1962: Eröffnung des ersten Geschäftes nach dem Krieg in der Markmannsgasse (nähe Eingang zum Hänneschen Theater) durch *Peter Heinrichs sen.* und *Leo Heinrichs*, danach Umzug zum Heumarkt 56 (Ecke Markmannsgasse, heutiges Maredo-Steakhouse) danach Heumarkt 46 (Großhandel neben dem Drachenburgkeller) danach Gürzenichstraße Ecke Heumarkt, weitere Filialen im Bogen der Hohenzollernbrücke (nach Schließung später *Foto Lambertin*) und in der Komödienstraße (heutiges Kölner Verkehrsamt, nach Verkauf *Pfeifen Heinrichs* (1964) an *Dieter Beden* in „Feuerzeugzentrale" umbenannt).

1962-2003: Nach dem Tode *Peter Heinrichs sen.* Martinstraße 16-20, Fortsetzung des Geschäftes *Leo Heinrichs sen., Anna Heinrichs, Ernst und Leo Heinrichs*. Nach dem Tode *Leo Heinrichs sen.* ging *Ernst Heinrichs* von 1974-1978 in die Severinstraße, *Leo Heinrichs* leitete die Martinstraße weiter. *Ernst Heinrichs* kam nach Erfolgslosigkeit seines Bruders *Leo Heinrichs* in die Martinstraße 1978 zurück. Seinen Laden in der Severinstraße hatte er zuvor verkauft. *Leo Heinrichs* schied komplett aus dem Unternehmen aus. *Ernst Heinrichs* eröffnete den Laden in der Martinstraße 1978 neu und führte ihn bis zum Verkauf 2003 an Peter Heinrichs.

1963-1974: Nachdem Peter Heinrichs aus dem elterlichen Geschäft „hinausgekegelt" worden war, eröffnete er einen Tabakwarengroßhandel.

Lagerräume befanden sich im ehemaligen Großhandel *Pfeifen Heinrichs* am Heumarkt, später in Köln-Vogelsang. 1974 wurde der Großhandel komplett an „Tobaccoland" verkauft.

1975-heute: 1975 eröffnete Peter Heinrichs sein „Haus der zehntausend Pfeifen" in der Hahnenstraße, 1984 erfolgten zwei Beteiligungen in San Francisco, einmal mit einem Tabakwarenfachgeschäft bis 1990 und einmal mit einem Tabakwaren-Versand, der noch heute besteht, 1994 Eröffnung *Château Henri* mit angeschlossenem Museum in Niederaußem. 1997-2002 Franchise-Filiale in Leipzig, 2003 Übernahme des Geschäftes *Pfeifen Heinrichs* Martinstraße 16-20. 2009 erfolgte die Schließung und die Integrierung des Kundenstammes in die Hahnenstraße und nach Niederaußem.

(Quelle PH Interview)

12.3. Peter Heinrichs im Spiegel der Kölner Presse

Original-Artikel und Fotos aus den Jahren 1975 bis 2010,
aus dem Privat-Archiv von Peter Heinrichs

Puppenspiele der Stadt Köln

Zwei Zijare - Zampanos

Wä die zwei kölsche Zijare-Zampanos nit kennt, hät en Knall-zijar verdeent!

Joseph Feinhals war ein kölscher Unternehmer, wie er im Buche steht. 1867 geboren, studierte er Nationalökonomie, übernahm das 1861 vom Vater gegründete Unternehmen und führte es zu großer Blüte. Er übersetzte seinen Namen mit „Collofino" ins Lateinische und verkaufte unter dieser Marke nicht nur seine Zigarren, sondern betätigte sich unter diesem Pseudonym auch literarisch. Er schrieb zwischen 1911 und 1936 die Werke „Der Tabak in Kunst und Kultur", „Tabakanekdoten", „Die Geschichten des Collofino", „Das Geheimnis der Marchesa", „Schulerinnerungen" und „Vom Tabak".

1939 verfasste er dann noch ein Beispiel ganz besonderen Humors: „Non olet (es stinkt nicht) – Die heiteren Tischgespräche des Collofino über den Orbis cacatus (beschissene Welt)". Dieses literarische Kuriosum beschäftigt sich

auf über 1000 Seiten ausschließlich mit den Themen „Kacken, Furzen und Pissen". Und das alles auf höchstem literarischen Niveau, mehrsprachig und quer durch die Historie und Literaturgeschichte.

Feinhals war ein großer Kulturmäzen, Mitgründer und stellvertreneder Vorsitzender des Sonderbundes Westdeutscher Kunstfreunde und Künstler, Mitglied im Kuratorium der Kölner Werkschulen. Er initiierte große Kölner Kunstausstellungen, u.a. 1914 die Werkbund-Ausstellung. Auch seine Firmen-Kataloge ließ er von bedeutenden Grafikern gestalten. Zudem unterhielt er ein privates Tabakmuseum. Seine 1908 erbaute architektonisch wertvolle Jugendstilvilla auf der Marienburg wurde leider im Krieg zerstört.

COLLOFINO

Peter Heinrichs, *dä zweite Zijare-Zampano, es och ene echte kölsche Jung, 1946 en Sölz jebore. Singe Vatter, Peter sen., hatt nie jet met de Nazis am Hoot un kräch deswäje vun de Amis noh dem Kreech als eeschte en Dütschland de Lizenz, Tabak zo verkaufe. Unger däm Name „Pfeifen Heinrichs" hatt hä e Jeschäff op dem Heumaat, tireck nevve der fröhere „Drachenburg". Un esu dät dä Pitter als Panz off en de Trümmere vum Martinsveedel un om lesermaat spille. Op dem Rudebereh jov et ene Schohnsmächer, dä die Quös jän ärjere däte, un wann dä dann wödich us singem Lade jefäch kom, däte se flöck en der Hingerenjang vum widder opjebaute Hännesche flutsche un sich em Foyer versteche.*

Eijentlich sollt dä Pitter, wie hä 1962 us der Lihr kom, et Jeschäff üvvernemme, dat singe Opa 1908 jejründt hatt un dat singe Vatter und däm singe Broder Leo öhntlich en de Hüh jebraat hatte. Ävver dann storv singe Vatter, sing jroß Vörbeld, met 54 Johr. Weil Pitter jun. ald domols, wie hä selvs sät, „ene Schwaadlappe un Revoluzzer" wor, kräch hä em Rubbedidupp met dem Ress vun der

28

Famillich Kraach.

Un su kom et, dat hä sich em zarde Alder vun 17 Johr selvständich maat, met enem eije Tabak-Jroßhandel. Met jelihntem Jeld, weil hä och nix mih erve kunnt. Dat dät prima fluppe, un 1974 kunnt hä sing Firma an ene jroße Lebensmittel-Konzern verkaufe, dä em üvvrije hück noch de Marke „Feinhals" em Zortimang hät. Met däm Jeld maat hä dann sing eije Tabakjeschäff unger singem Name op der Hahnestroß op.

Dat jefeel der Famillich jarnit, weil der „verlore Son" jetz ne tireckte Konkurrent wor! Et jov Zänk un Strick ohne Engk, Prozesse öm Firmename un –zeiche. Wie ävver dann vör 6 Johr singe Vetter Ernst dutkrank wood, däte die zwei et eeschte Mol widder metenander spreche un sich widder verdrage. Un dä Ernst saat: „Nor do kris ning Firma, söns keiner!" Ävver eschenk kräch dä Pitter se nit, hä noot se kaufe, wie dat unger Jeschäffslück esu es. Un su woote de Firme Pfeifen Heinrichs und Peter Heinrichs widder unger einem Daach vereint un feere dis Johr et 100jöhrije Jubileium.

Peter Heinrichs es stolz drop, dat ze sin, wat mer op jot Kölsch ne „Selfmade-Man" nennt. Hä hatt vun singem Vatter nix jeerv, moot sich alles selvs opbaue. Noch hück steit hä jede Morje öm 6 Ohr als eeschte en singem Lade um mät öm 10 Ohr ovends zo. Klor, dat hä singe Berof, dat heiß sing Berofung, vun Hätze jän hät, un dat spören och sing Kunde. Sing Devise es „Der Kunde ist mein Freund", udder wie hä sät: „Ne Fründ bedrieß mer nit!" 1996 kräch hä der Handelspries als „Bester Deutscher Einzelhändler". Och met singe 27 Metarbeider fläch hä

ne fründschafflije un humorvolle Ömjang: „Jung, kumm ens bedeene!"

Heute hat Heinrichs 3 Geschäfte: in der Hahnenstraße, in der Gürzenichstraße und auf 3000 qm in Niederaußem mit dem weltweiten Versand. Heinrichs produziert seine eigene Zigarettenmarke, die Pfeifentabak in Häckselform ohne Zusatzstoffe enthält. Die produziert er in Belgien und macht damit Millionen-Umsätze. Seit 1984 hat er einen Importeur in den USA, und in China kann er auf besonders solvente Kunden zählen. Sein Zigarren-Sortiment ist weit gefächert und mit mehreren Millionen Stück eines der größten in Europa. Es reicht vom Hausmarke-Zigarillo à 30 Cent, natürlich wie alles aus naturreinem Tabak, bis zur Cohiba à 375 Euro das Stück. Bei den Pfeifen („Haus der 10000 Pfeifen"), reicht die Spannweite von der Maiskolbenpfeife für 8.95 und der Holzpfeife von 5-10 Euro bis zu einem guten Stück für sage und schreibe 13.240 Euro. Gute Pfeifen sind übrigens aus Bruyère-Holz, aus einer Knollenpflanze gewonnen, die nur im Mittelmeerraum wächst. Dieses Holz kann die Hitzegrade in

der Pfeife am besten vertragen und erhält die Geschmacksnuancen optimal. Eine Besonderheit sind Pfeifen aus Mooreichenholz aus den Sümpfen des Donau-Deltas.

Und noch etwas besonderes: Ein paar Meter weiter die Hahnenstraße hinunter führt Heinrichs als Franchise-Nehmer eines cubanischen Unternehmens „La Casa del Habano". Dort werden nur cubanische Produkte verkauft. Natürlich müssen die Zigarren fachgerecht gelagert werden, d.h. im „Humidorum". Ein Gebläse führt dem Raum ständig Wasserdampf zu, damit die Luftfeuchtigkeit konstant 65-75% beträgt. Dagegen gibt es keine Heizung, weil dies die kostbaren Produkte austrocknen würde.
Um das cubanische Flair perfekt zu machen, hängt in der Ecke eine rote Fahne mit Che-Guevara-Portrait. Im ersten Stock verkauft Heinrichs die Zigarren aus der

übrigen Karibik und seine eigenen Produkte, und um dem ganzen die Krone aufzusetzen, befindet sich im Keller noch eine Bar, wo die Kunden zur Zigarre bis 22.00 Uhr ein „Conjäckelchen" trinken können.

Wir sitzen im Humidorum und Heinrichs erzählt bei einem Pfeifchen aus seinem Leben und von seiner Ware. Ab und zu streut der *kölsche Jrielächer* eine Anekdote ein, wie z.B. von einem Kunden, nennen wir ihn Schmitz, seines Zeichens Pastor, der sich am Telefon mit „Pfarrer Schmitz" meldete. Eine Heinrichs-Mitarbeiterin hatte das wohl nicht richtig verstanden und schrieb auf die Rechnung „Paffer Schmitz". Der Pastor nahms mit Humor und meldete sich in Zukunft selbst mit „Paffer Schmitz". Heinrichs weist auch ausdrücklich darauf hin, dass sein ältester Kunde soeben 100 Jahre alt geworden ist und seit dem 16. Lebensjahr Zigarre raucht.

Und dann: *„Dä Heinrichs hät ene kleine Ress em Kopp, un dat sin Autos!"* Davon nahmen die Kölner zuerst Kenntnis, als er mit einem Lotus durch die Stadt fuhr, der mit

Heinrichs-Werbung schwarz-gelb lackiert war und auf dem Heck eine große Zigarettenschachtel trug. Dann erregte ein Oldtimer-LKW Aufsehen, mit dem er seine Auto-Leidenschaft und den Werbezweck unter einen Hut brachte, und dann kam 2001 der Gag, wegen dem ihn so mancher für verrückt erklärte: ein riesiger amerikanischer Truck mit 700 PS und 10l-Motor, der 40 Liter Sprit auf 100 km verbraucht. Aber auch das war nicht nur Luxus, sondern damit transportierte er seine in Belgien produzierten Zigaretten nach Deutschland, als Führerschein ll-Inhaber oft selbst am Steuer. Und dieses Ungetüm wurde gelegentlich zu Werbezwecken am Big-Brother-Container oder zur Formel 1 am Nürburgring plaziert. Dort konnte Heinrichs dann die Prominenz in die im LKW eingebaute Zigarren-Lounge einladen. Die neuste Erwerbung ist - als Spar-Ausgleich zum spritfressenden Truck – ein Fiat 500.

Peter Heinrichs hofft, dass einer seiner 7 Enkel mal das Geschäft übernimmt und dafür sorgt, dass die kölsche Institiution „Haus der 10000 Pfeifen" der Stadt, seiner geliebten Vaterstadt, erhalten bleibt.

(Entnommen aus dem Programmheft „Hänneschen", mit freundlicher Genehmigung *Heribert Malchers*, Intendant der Puppenspiele der Stadt Köln, Fastelovend 2009 „Flöpp Flööp Alaaf!" Redaktion und Interview *Walter Oepen*.)

„Flöpp Flöpp Alaaf", eine flammende Kölner Karnevalssitzung zur Kulturgeschichte des Rauchens (Smokersnews Internet-Info 20.02.2009)

Zwei Kölner „Zijare-Zampanos" wurden gefeiert: Joseph Feinhals und Peter Heinrichs

„Hänneschen", die Puppenspiele der Stadt Köln, blicken auf eine lange und auch bewegte Vergangenheit zurück und gehören wie der Dom, das Kölsch und der FC zu dieser Stadt am Rhein. Nachmittags spielt das Hänneschen-Ensemble für die Kinder und am Abend sind die Programme auf die Erwachsenen abgestimmt, auch in der Zeit des Karnevals.

Der Tenor der abendlichen Puppensitzung des Jahres 2009, war das heikle und vieldiskutierte Thema rund um die Raucher und die Rauchverbote. Nicht ungewöhnlich? Doch! Die gesamte Sitzung entpuppte sich zu einem liebevollen und humoristischen Feuerwerk für den Rauchgenuss schlechthin. „Flöpp Flöpp Alaaf" nahm sich die Kulturgeschichte des Rauchens auf sympathische Art und Weise vor – alles in Kölner Mundart. Die gespielten Geschichten mit Hänneschen, Bärbelchen, dem Tünnes und dem Schäl, Mählwurms Pitter, Zänkmanns Kätt und Röschen und Köbeschen machten Lust auf mehr. In einem Beitrag unter dem Motto „Unser Dorf soll rauchfrei werde" wetteifern getrennte Karnevalssitzungen von Nichtrauchern und Rauchern um Gunst der Jecken. Das Ergebnis: Die Nichtraucher wollten mit den Rauchern feiern. Genauso, wie es uns das tägliche Leben lehrt.

Auch im Programmheft kommen mit „Loki und Smoky" kabarettistische Episoden aus dem Leben zweier berühmter Raucher vor, „Viel Schall um Rauch" arbeitet von den Indianern bis zu den Raucherclubs 500 Jahre Rauchkultur auf; Walter Oepen stellt die „Raucherfrage" und weiß warum geraucht wird und auch das HB-Männchen wird liebevoll aus der Versenkung hervorgeholt.

Die Programmgestalter hatten sich zudem zwei Kölner Originale in Sachen „Rauchkultur" ausgeguckt. Einmal Joseph Feinhals, ein Kölner Unternehmer, 1867 geboren, der die Cigarrenmarke „Collofino" unter seinem Firmenname verkaufte und gleichermaßen unter diesem Pseudonym literarische Werke rund um den Tabak auf den Weg brachte.

Der zweite Kölner „Zijare-Zampano" war persönlich bei der Prunkpuppensitzung anwesend: Peter Heinrichs. Die Heinrichs-Laudatio, in feinster Kölscher Mundart, muss der Nicht-Kölner wahrscheinlich zum Übersetzungsbüro bringen. Wer jedoch Peter Heinrichs, „ene echte kölsche Jung", kennt, kennt auch seine beeindruckende Unternehmensgeschichte und seine großen Leidenschaften, die in charmanter Art Weise auch im „Hänneschen" aufgearbeitet wurden: Tabak und Pfeife und die Familie – oder Familie, Pfeife, Tabak – oder Pfeife, Familie, Tabak? Die Reihenfolge lassen wir offen…"

Die Tabak-Zeitung (DTZ) vom 13.02.2009

Zwei "Zijare-Zampanos" im Programmheft der berühmten Puppenspiele Joseph Feinhals und Peter Heinrichs vom Kölner Hänneschen-Theater "geadelt"

KÖLN (DTZ/wo/da). Das Kölner "Hänneschen-Theater", eine bundesweit bekannte Kultur-Institution der Domstadt, hat die Fachhandelsunternehmer Peter Heinrichs und Joseph Feinhals auf besondere Weise gewürdigt. Im Programmheft zu seiner Karnevalssitzung "Flöpp Flöpp Alaaf" hat das berühmte Puppenspiel-Theater das Leben und Wirken dieser beiden Kölner "Zijare-Zampanos" auf lustige Weise Revue passieren lassen. Über Josef Feinhals erfährt man, dass er das 1861 von seinem Vater gegründete Unternehmen zu großer Blüte geführt hat. Seinen Namen übersetzte er mit "Collofino" ins Lateinische, verkaufte darunter seine Zigarren und nutzte diesen Namen ab 1911 darüber hinaus als Pseudonym für literarische Werke wie zum Beispiel "Der Tabak in Kunst und Kultur", "Die Geschichten des Collofino" oder "Non olet" ("es stinkt nicht"), was Josef Feinhals 1939 veröffentlichte.

Peter Heinrichs, der zweite "Zijare-Zampano", ist "och ene echte kölsche Jung". Eigentlich sollte der 1946 geborene "Pitter", wie er 1962 "us de Lihr kom, et Jeschäff üvvernemme, dat singe Opa 1908 jejründt hätt" und das sein Vater und sein Onkel ordentlich in die Höhe gebracht hatten. Aber dann starb sein Vater im Alter von 54 Jahren. Weil der "Pitter", wie er selbst sagt, damals "ene Schwaadlappe un Revoluzzer" war, bekam er mit dem Rest der Familie Streit und machte sich im Alter von 17 Jahren selbstständig mit einem Tabakwarengroßhandel. "Dat dät prima fluppe." 1974 verkaufte Peter Heinrichs seine Firma an einen großen Lebensmittel-Konzern. Mit dem Geld eröffnete er auf der Hahnenstraße sein eigenes Tabakwarengeschäft unter seinem Namen, was der Familie gar nicht gefiel. Es kam zu Prozessen um Firmennamen und

Firmenzeichen. Frieden mit der Familie gab es erst wieder, als sein Vetter Ernst todkrank wurde und ihm vor sechs Jahren die Firma "Pfeifen Heinrichs" verkaufte. Zum 100-jährigen Firmenbestehen war damit wieder alles unter einem Dach vereint.

Im Programmheft konnte das Publikum nachlesen, dass der "Selfmade-Man" Peter Heinrichs heute drei Geschäfte hat, in der Hahnenstraße (mit Casa del Habano), in der Martinstraße und vor den Toren Kölns in Niederaußem. Des weiteren erfährt man, dass Heinrichs seine eigene Zigarettenmarke mit Pfeifentabak in Belgien produzieren lässt, dass sein weit gefächertes Zigarren-Sortiment mit mehreren Millionen Stück eines der größten in Europa ist und dass in seinem "Haus der 10 000 Pfeifen" Exponate zu Preislagen zwischen fünf Euro pro Pfeife bis zu einem guten Stück für sage und schreibe 13 240 Euro auf die Kunden warten.

Peter Heinrichs freut sich riesig, dass das "Hänneschen-Theater" ihn "entdeckt" hat. Für einen Kölner habe das einen höheren Stellenwert als für andere Bürger in der Republik die Verleihung des Bundesverdienstkreuzes.

Der Kölner Fachhändler weilte am 31. Januar karnevalsmäßig verkleidet bei der Aufführung des Stücks im Publikum. Zugegen war auch ein Kamerateam des Fernsehsenders WDR, der "Flöpp Flöpp Alaaf" am Karnevalssonntag (22. Febr.) ausstrahlen wird.

Mit dem kölschen Mundartsänger *King Size Dick*

Ungetüm: Mit diesem 570-PS-Truck tourte Kölsch-Barde King Sitze Dick eine Woche lang durch die Eifel, arbeitete an neuen Song

Dick und P. Heinrichs

King Size Dick: Name für Zigarillos

exp **Köln** — Bislang störte King Size Dick der „Altmänner"-Geruch von Zigarillos. Auf seinen Rat hin ließ Tabak-König Peter Heinrichs (Hahnenstraße) Zigarillos mit duftendem Pfeifentabak drehen, die nun „King Size Dick Light" heißen. Auf dem Holzkästchen prangt das Konterfei des kölschen Sängers.

Mit *Wicky Junggeburth*

Mit *Arnold Schwarzenegger*

Auf ein Pfeifchen

Um den blauen Dunst schwelt weltweit Streit. Zwei passionierte Verfechter des Tabakgenusses trafen aufeinander. Der Betreiber des Niederaußemer Pfeifenmuseums **Peter Heinrich** freute sich, seinen „lieben Freund" **Arnold Schwarzenegger** begrüßen zu dürfen. Nicht nur 10 000 Pfeifen bewunderte der frühere Pfeifenraucher und Mister Universum — auch Heinrichs erlesene Zigarrensammlung goutierte der Terminator in Deutschlands größtem Humidor (einem tropischfeuchten Lagerraum für Tabak). Welche Marke der muskelbepackte Österreicher zur Feier seines 50. Geburtstages einpackt bekam, zählt Heinrich jedoch zu seinen Geschäftsgeheimnissen.

KSTA. 09/10.08.1997

Gruppenbild mit dem Terminator: Arnold Schwarzenegger (M.) in der Pfeifenausstellung von Peter Heinrichs (2.v.l.) mit Tochter Sandra Heinichs und den Mitarbeiter.

Mit *Tommy Engel*

Heimspiel für „Sir Henry"

Peter Heinrichs „gegen" Europameisterschaft – 1 : 0

07.07.2000

Nicht Werner , sondern Tommi: Auch ein „Bläck Vöss" mag „braune Schönheiten".

NIEDERAUSSEM (DTZ/jgw). Während die deutsche Nationalmannschaft die Serie ihrer EM-Niederlagen gegen England fortsetzte, wurde nicht allzuweit von der holländischen Grenze eine ganz andere (und weitaus erfolgreichere) Tradition gepflegt: Statt „Sir Erich" hatte „Sir Henry" mit seinem Team die besseren Spieler auf dem Platz und konnte rund 350 Freunde zum zweiten Smoker-Treff in diesem Jahr begrüßen. Zwar hatte der Hausherr für sein Heimspiel eigens einen großen Fernseher aufstellen lassen, doch zogen seine Gäste das, was ihnen

Peter Heinrichs bot, der „Leistung" der National-Elf spätestens nach der ersten Halbzeit vor: Präsentiert wurde neben dem Angebot an Peterson-Pfeifen durch die Firma Otto & Kopp auch die „Indian Cigar" (El Mundo del Tabaco), die sich „Bläck Vöös" Tommi Engel schmecken ließ. Er war denn auch der eigentliche „Libero" des Abends, da der eingeladene Zigarrenroller von „Indian Cigars" durch Abwesenheit glänzte – er hatte den Anschlusszug von New York zum Flughafen in Boston verpasst ... *BLÄCK FÖÖSS (AUTOR)*

Mit Direktor *K. Becker* und Klassenlehrerin *C. Gröbe* von der Schule in der „Kaygass"

Kölsches Original spendet Geburtstagsgeld für die Schulkinder aus der „Kayjass" in Köln — Klassenfahrt nach Turin ist gesichert

Peter Heinrichs wurde 50 Jahre alt

KÖLNISCHE RUNDSCHAU 23.07.1996

jun Bergheim/Köln. „Meine Kunden sind meine Freunde", sagt Peter Heinrichs, kölsches Original und Fachmann in Sachen blauer Dunst. Am Sonntag feierte der „Pfeifenheinrichs" seinen 50. Geburtstag im Bergheim-Niederaußemer „Château Henri" und im Kreise seiner vielen Freunde.

Statt mich mit liebgemeinten Geburtstagsgeschenken zu überhäufen, spendet doch den entsprechenden Betrag für die „Kayjass", hatte sich Heinrichs vor dem Ereignis auf der Einladung gewünscht. Berühmt geworden durch den Fastelovend-Schlager „In der Kayjass Nummer Null...", existiert die gleichnamige Schule heute noch wenige Meter vom alten Standort entfernt. Damit die Schüler ihre italienische Partnerschule bei Turin kennenlernen kön-

nen, spendierte Heinrichs sein Geburtstagsgeld als Fahrkostenzuschuß für die Pänz.

Die Idee dazu hatte Peter Heinrichs-Freund und Leiter der „Akademie für uns kölsche Sproch", Volker Gröbe. Dessen Ehefrau Claudia wiederum arbeitet als Lehrerin an der „Kayjass". Sie soll den Schüleraustausch organisieren – ein besonders nettes Beispiel für kölschen Klüngel.

Ein besonderes Geschenk zum 50. Geburtstag erhielt der Geschäftsmann von den weltbekannten Pfeifenherstellern Dunhill (London) und Stanwell (Dänemark). Je ein neues hölzernes Pfeifenmodell tauften die Firmen auf den Namen des Geburtstagskindes, das am Sonntag eigenhändig und sichtlich vergnügt die originale „Peter Heinrichs" schmauchte.

Spenden statt Geschenke: Peter Heinrichs (2.v.l.) feierte am Sonntag seinen 50. Geburtstag. Davon profitiert die „Kayjass"-Schule", deren Direktor, Karl Becker (2.v.r.), sich bedankte. Trautchen Heinrichs (l.) und Claudia Gröbe (r.). Foto: Junggeburth

112

Oktober 1994

Peter Heinrichs: Ein Kölner ist der Herr der Pfeifen

Von MAICKE MACKERODT

Peter Heinrichs ist eine Institution – nicht nur in Köln, auch in San Francisco und Taiwan schätzt man den Herrn der Pfeifen. Sein Geschäft in der **Hahnenstraße 2**, ein Tabak-Paradies: 26 000 Pfeifen (von 20 bis 5500 DM) vorrätig, weiße Meerschaum-Stücke mit Mozartkopf, Langpfeifen („türkische Saxophone"), Klassiker aus poliertem Bruyère-Holz).

In einem Klima-Raum (80 Prozent Luftfeuchtigkeit) lagern 250 000 Zigarren – aus Kuba, Honduras, Nicaragua. Wer will, findet sogar „King-Size-Dick"-Zigarillos.

Und was raucht Peter Heinrichs selbst? „Am liebsten meine eigenen Zigaretten Marke ‚Peter Heinrichs'. Auf die Idee brachte mich vor drei Jahren ein Kölner Postbote. Er hatte unseren Tabak in einer Kaffeemühle gemahlen und selbst gedreht. Inzwischen verkaufe ich vier Millionen Päckchen pro Jahr." „Fine Pipe Tobacco" steht auf der schwarz-goldenen Packung (4,50 DM, 20 Stück). EXPRESS machte den Test: Rauchgenuß und ein Duft (fast) wie aus der Pfeife.

Wer den Pfeifen-Laden betritt, ist selbst als Nichtraucher sofort verzaubert.

Sammlerstück: Heinrichs mit Pappkopf von Ex-Kanzler Ludwig-Erhard

Sonderanfertigung: Lotus V & M (110 PS) mit passendem Nummernschild K-PH

Herr über 26 000 Pfeifen: Peter Heinrichs (48)   Fotos: Mackerodt

Von dem würzigen Tabak-Aroma, der wohltuenden Gelassenheit. Eine kleine Oase mitten in der City. Jeden Kunden begrüßt Heinrichs mit dem freundlichen Spruch: „Wie is et Jung, alles klar?" Das hat ihm längst den Spitznamen „de leeve Jung aus Kölle" eingebracht. Heinrichs Philosophie: „Wir verkaufen Genuß, keine Sucht. Die Kunden sind meine Freunde."

Jetzt gründet er „für seine Freunde" in Niederaußem ein **Museum für Pfeifen & Tabak**: Am 30. Oktober eröffnet der 48jährige im Gewerbegebiet das

„Château Henri", das seine beiden ältesten Töchter leiten werden. Zu sehen sind u.a. eine alte Dunhill-Sammlung, antike Meerschaumpfeifen und die größte Schnupftabak-Sammlung der Welt. Auch ein Pappkopf von Alt-Bundeskanzler Ludwig Erhard wird ins Museum umziehen.

Weiter im Kölner Geschäft aber wird eine Kostbarkeit zu sehen sein: Ein Wurzelholzschrank für 366 Pfeifen, eine für jeden Tag des Jahres. Heinrichs: „Davon gibt es weltweit nur zwei Exemplare. „Was kostet der?" Heinrichs: „Ein Viertelmilliönchen."

Heinrichs, ein Self-made-man. Mit 13 verließ er die Schule und ging bei seinem Vater und Firmengründer am Heumarkt in die Lehre. Nach einem Krach machte sich „Klein-Peter" 1965 selbständig, gründete mit 3000 Mark einen Zigaretten-Großhandel. 1976 zog er in sein heutiges Domizil, wo er täglich ab fünf Uhr früh sitzt. Tabak ist sein Leben, aber werden wollte er eigentlich „Priester". So schwärmt er besonders von einer Privat-Audienz beim Papst: „Die hat mir ein Mönch zu meiner Silberhochzeit vermittelt."

113

Mit Ex.-RP *Dr. Franz-Josef Antwerpes*

Antwerpes schwang den Hammer

K.STA. 26/27.05-07

„Ein Fläschchen Wein, den zu probieren ich mich weigere, eignet sich hervorragend für eine Salat-Sauce", scherzte Ex-RP **Franz-Josef Antwerpes**. In der gemütlichen Kellerbar von „Pfeifen Heinrichs" am Neumarkt versteigerte er „Kleinkölnhausener Zuckerberg", Wein aus eigenem Anbau, den er am Regierungspräsidium Zeughausstraße gepflanzt hat – nach seiner Überzeugung ein Tropfen „von höchster Qualität". Der Erlös, 1650 Euro, kommt zu gleichen Teilen der Aids Hilfe Köln, dem „Zentrum für Frühbehandlung und Frühförderung" am Maarweg und Finkens Garten in Rodenkirchen zugute. Zweieinhalb Stunden lang schwang Antwerpes den Holzhammer, bis seine 40 Gäste 30 Flaschen ersteigert hatten. Eifrig dabei: Der amtierende Regierungspräsident **Hans Peter Lindlar** und der CDU-Kulturpolitiker **Lothar Theodor Lemper**, der 100 Euro für zwei Fläschchen zahlte. Das exklusive Lokal hatte Antwerpes ausgewählt, weil er mit dem Inhaber **Peter Heinrichs** schon seit langem befreundet und nicht nur Wein-, sondern auch Liebhaber feiner Kuba-Zigarren ist.

„Auktionator" Franz-Josef Antwerpes (l.) mit Regierungspräsident Hans Peter Lindlar (M.) und Peter Heinrichs. BILD: WORRING

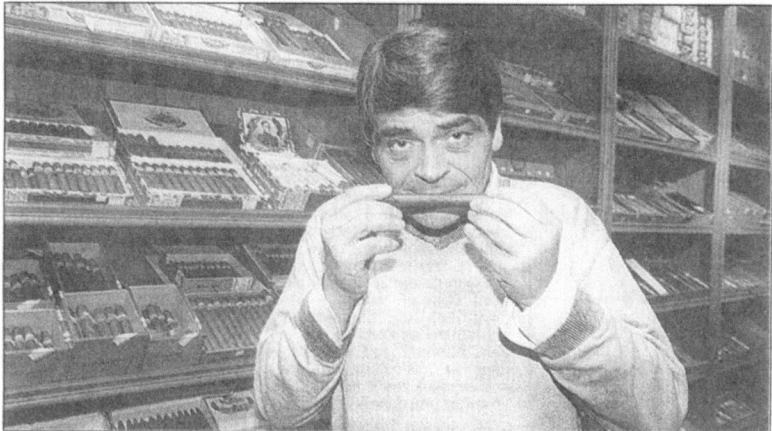

Zahllose Zigarren aus dem Sortiment von Peter Heinrichs haben das Aroma verloren.　　　Foto: Stachowski

Im Haus der 10 000 Pfeifen entstand Schaden in sechsstelliger Höhe

Teure Havannas verqualmt

Rauchschwaden ziehen sich häufiger durch das Geschäft von Peter Heinrichs. Normalerweise jedoch riechen sie nach würzigem Tabak. Beißender Qualm dagegen machte sich am Montagabend gegen 19.40 Uhr im „Haus der 10 000 Pfeifen" an der Hahnenstraße am Neumarkt breit. In einem Optikergeschäft war ein Brand ausgebrochen, dessen Rauch sich bis in den benachbarten Tabakladen zog und Zigarren im geschätzten Wert von mehreren 100 000 Mark ungenießbar machte.

Peter Heinrichs und seine Mitarbeiter freuten sich schon auf ihren Feierabend, als es in dem renommierten Fachgeschäft plötzlich nicht mehr nur nach Tabak, sondern nach Feuer roch. Der 55-jährige Firmen-chef benachrichtigte Polizei und Feuerwehr, die wenige Minuten später eintrafen und einen Brand im direkt benachbarten Optikergeschäft entdeckten. „Obwohl die Feuerwehr auch noch das verschlossene Rollgitter vor der Eingangstür aufbrechen musste, war das Feuer schnell gelöscht. Aber der Rauch zog sich durch das ganze Haus", so Heinrichs.

Direkt über dem Optikergeschäft befindet sich im ersten Stock ein Humidor. Bei einer konstanten Temperatur von 23 Grad Celsius und einer Luftfeuchtigkeit zwischen 65 und 75 Prozent werden hier besonders kostbare Zigarren gelagert, deren Wert Peter Heinrichs mit rund zwei Millionen Mark beziffert. Zum Teil geöffnete Kisten geben den Blick frei auf Kost-barkeiten wie die Crú Pierre Henri aus der Dominikanischen Republik, die Montechristo und die Cohiba aus Kuba, deren Stückpreis bei 58 Mark liegt.

Ausgerechnet in diesen Raum suchte sich der Rauch seinen Weg. Zwar blies die Feuerwehr den Qualm schnell ab, ein erheblicher Teil der Zigarren wurde jedoch verdorben. Peter Heinrichs schätzt den Schaden auf mehrere 100 000 Mark. Ein Sachverständiger soll ihn in den nächsten Tagen genauer bewerten. Brandermittler haben die Arbeit aufgenommen. Nach bisherigen Erkenntnissen ist der Brand im Werkstattbereich des Optikergeschäftes ausgebrochen, wo ebenfalls hoher Sachschaden entstand. Die Ursache ist bislang ungeklärt. **cid**

Falsche Krebs-Diagnose: „Pfeifen-König' Peter Heinrichs in Todesangst

BILD 24.04.90

Von FRANK ROLLE

Köln - Es war eine Nachricht wie ein Hammerschlag. Acht Worte: „Sie haben nur noch wenige Wochen zu leben." Das Todesurteil.

Eine Woche lang lebte Pfeifen-König Peter Heinrichs (52) in der Gewißheit, bald sterben zu müssen. Dann stellte sich heraus: Fehldiagnose. „Nur meine engsten Freunde wußten, durch welche Hölle ich gegangen

bin", erzählt Peter Heinrichs. In Köln nennen ihn alle nur den „Mann der 10.000 Pfeifen". In seinem Geschäft in der Hahnenstraße gehen prominente Tabak-Freund ein und aus.

Angelangen hatte es alles auf einer Geschäftsreise nach Amerika. „Im Flugzeug blieb mir plötzlich die Luft weg, ich mußte beatmet werden." In Miami wurde der Kölner ins Krankenhaus

eingeliefert. Diagnose unklar.

Heinrichs fliegt zurück nach Köln. „Ich konnte keine fünf Meter mehr laufen." Nach dem Röntgen konfrontierte ihn eine Ärztin mit dem furchtbaren Befund: „Ein bösartiges Geschwür scheint gesplatzt zu sein. Das ist wohl nicht mehr zu heilen." Lungenkrebs. Für Heinrichs geht eine Welt unter. „Ich hatte mich so auf die Geburt meines 4. Enkels im August gefreut. Aber die Ärztin nahm mir jede Hoffnung."

Mit Ehefrau Gertrud bespricht der Pfeifen-König bereits seine Beerdi-

gung. Die Töchter Tanja, Petra und Sandra werden eingeweiht. „Wir haben eine Woche lang nur geweint."

Der Geschäftsmann konsultiert noch einmal einen befreundeten Doktor. Der ordnet eine Gewebeprobe an. Danach steht fest: Fehldiagnose. Kein Krebs - „nur" eine seltene Form der Lungenentzündung. „Bis heute hat sich niemand bei mir entschuldigt", sagt Heinrichs. „Stattdessen habe ich eine Rechnung fürs Röntgen bekommen. Aber die werde ich nicht zahlen - die Diagnose war ja falsch."

Die Pief schmeckt wieder, das sympathische Lachen ist zurück: Pfeifen-König Peter Heinrichs hat den Schock überwunden. Laut Diagnose sollte er nicht mehr lange leben. Foto: JOSEF LEY

Fehldiagnose! Grab schon ausgesucht

1998

190

„Herr der 10000 Pfeifen" Peter Heinrichs war sicher: „Im August bin ich tot"

Von M. v. d. KRAATS

exp Köln - Er hatte sich auf dem Friedhof seines Heimatdorfes Buisdorf bereits ein Grab ausgesucht. Seine Beerdigung sollte ein großes Fest werden. Peter Heinrichs (52) war überzeugt, daß sein Leben vorbei ist. Krebs, so die niederschmetternde Diagnose. Eine Fehldiagnose. Doch das erfuhr der „Herr der 10 000 Pfeifen" erst später.

„Ich hatte mit dem Leben abgeschlossen", sagt der Tabakhändler. Gesund und braungebrannt steht er im Geschäft. Freut sich wie jeck auf sein viertes Enkelkind, das im August auf die Welt kommen soll. Denn das hätte er nach der Prognose der Ärztin nicht mehr kennenlernen sollen.

Es begann im Florida-Urlaub. Heinrichs bekam keine Luft. Wieder in Köln, ging er sofort zum Arzt. Der überwies ihn

zum Röntgen. Heinrichs ging Mitte März zu einer Praxis in der Innenstadt.

„Entsetzt sah sich die Ärztin meine Aufnahmen an", erinnert sich Heinrichs. „Dann sagte sie, daß meine Lungen katastrophal aussähen, daß ich nicht mehr lange Zeit hätte." In dem Brief an seinen Hausarzt bekam er die Diagnose schriftlich: Lungenkrebs.

„Tieftraurig", so Heinrichs über seine damaligen Gefühle. Bestürzt informierte er Frau Gertrud (50), die drei Töchter und seine Mutter (82) über den baldigen Tod. „Ich ging von zwei Monaten aus, die mir bleiben würden." Er plante die Beerdigung und sagte Freunden adieu.

Doch sein Arzt forderte weitere Untersuchungen, überwies ihn ins Krankenhaus. Acht Tage nach der ersten Diagnose die glückliche Nachricht: Der Krebs

Sollte sterben: Pfeifen-Händler Peter Heinrichs (52). Fotos: Linder

ist eine Lungenentzündung!

Für Heinrichs war die Geschichte damit erledigt bis die Rechnung der Praxis kommt. 781,01 Mark soll er zahlen - für eine Fehldiagnose. Das sieht er nicht ein. Doch die Praxisinhaber beharren auf ihrer Forderung. „Die Ärztin hat nur die Möglichkeit einer Krebserkrankung genannt", so Anwalt Henrich Potthast. „Das hat ihn wohl so geschockt, daß er den Rest falsch verstanden hat."

116

12.4. Vorträge in Marketing und der Marke Peter Heinrichs

Die folgenden vier Vorträge wurden aus dem Archiv von Peter Heinrichs für diese Diplom-Arbeit zur Verfügung gestellt:

Dankesrede Peter Heinrichs zur Verleihung des „Deutschen Handelspreises 1996" am 25. September 1996

„ Meine sehr verehrten Damen und Herren, sehr geehrter Herr Wenzel, sehr geehrter Herr Mandac, ich möchte mich bei Ihnen und beim Kuratorium des ›Deutschen Handels‹ sehr herzlich für die hohe Auszeichnung bedanken, die Sie mir beziehungsweise meinem Unternehmen heute haben zuteilwerden lassen.

Ich finde es sehr bemerkenswert, aber ich freue mich natürlich darüber, dass die Auszeichnung auf ein Unternehmen gefallen ist, das in einer Branche zu Hause ist, die sich nicht nur wirtschaftlich schwer tut, sondern seit Jahren im Kreuzfeuer der öffentlichen Kritik steht. Diese Feierstunde ist sicher nicht der Ort, sich mit den Einzelheiten des Themas »Rauchen und Gesundheit«, mit dem meine Kollegen und ich täglich in unseren Geschäften konfrontiert werden, auseinanderzusetzen. Lassen Sie mich dazu nur eines anmerken: Ich bin Tabakwarenhändler mit Leib und Seele, und ich stehe zu den Produkten, die ich verkaufe. Man sollte bei allen kritischen Anmerkungen nicht vergessen, dass Tabak seit Jahrhunderten ein hochgeschätztes Kulturgut ist, das vielen Menschen zur Entspannung, aber auch zur Anregung dient. Hauptsächlich ist es aber ein Produkt zum Genießen, und ich bin der festen Überzeugung, dass eine gute Cigarre oder eine Pfeife zur Abrundung schöner, angenehmer Stunden beiträgt. Meine Damen und Herren, es macht mich stolz, der Preisträger des diesjährigen ›Deutschen Handelspreises‹ zu sein, und die lobenden Worte, die Herr Wenzel und Herr Mandac in Ihren »Laudationes« für mich und meine Aktivitäten gefunden haben, machen mich sogar verlegen. Ich nehme diesen Handelspreis gerne entgegen und werte ihn als eine Anerkennung für die gesamte Leistung des Unternehmens ›Peter Heinrichs‹.

Ich bin zwar unbestreitbar einer der Väter dieses Erfolgs, jedoch keineswegs sein einziger. Wo stünde ich heute ohne das große Engagement meiner Frau, die allzeit meine Pläne unterstützt hat und mir half, sie voranzutreiben? Ohne die tatkräftige Mitarbeit meiner mittlerweile erwachsenen Töchter und Schwiegersöhne, die sich für den Eintritt in ihres Vaters Geschäft entschieden haben, was heutzutage sicherlich nicht mehr die Regel ist? Wo stünde ich ohne die Mitwirkung meiner Lieferanten, von denen ich drei gerne herausstellen möchte: Michael Kohlhase, Bernd Kopp und Peter Jörgensen, den für Deutschland verantwortlichen Direktor der Firma ›Dunhill‹, die auch in schlechten Zeiten an mich und meine Konzepte geglaubt haben.

Außerdem – und das möchte ich an dieser Stelle auch herausstellen – danke ich den Verantwortlichen der Stadtsparkasse Köln, mit denen ich nun seit sechsunddreißig Jahren vertrauensvoll und erfolgreich zusammenarbeite. Schließlich: Was hätte ich ohne den täglichen engagierten Einsatz aller meiner Mitarbeiter innerhalb der letzten Jahrzehnte bewirken können? Welcher Spielraum bliebe mir heute und in Zukunft ohne die kompetente und freundschaftliche Unterstützung meiner Kunden?

Sie können sicher sein, dass meinen Mitarbeitern und mir noch einiges einfallen wird. Gehen Sie davon aus, dass der Name ›Peter Heinrichs‹ auch in Zukunft eng mit innovativen Verkaufskonzepten verbunden bleibt. Herzlichen Dank.
(Quelle Archiv PH)

Vortrag Peter Heinrichs am 26. September 1996 anlässlich der Verleihung des Deutschen Handelspreises im „Interconti" vor vierhundert geladenen Gästen zum Thema „Innovative Verkaufskonzepte" (auszugsweise – Quelle PH Archiv)

PH – vor dem 13. Kölner Handelsforum 1996

„Sehr verehrte Damen und Herren, der große englische Ökonom Adam Smith stellte einmal in einem seiner berühmten Aussprüche fest, dass wir nicht vom Wohlwollen des Fleischers, des Brauers oder des Bäckers unser Nachtmahl erwarten, sondern von deren Bedacht auf ihre eigenen Interessen. Vom wohlverstandenen Bedacht auf die eigenen und die Interessen meiner Kunden soll deshalb auch mein folgender Vortrag handeln.

Erlebnis und Servicequalität

Als Einzelhändler und als Tabakwarenfachhändler im Besonderen habe ich es seit nahezu fünfunddreißig Jahren mit einem Produkt zu tun, auf das manche von Ihnen sicherlich leichten Herzens verzichten können. Doch als Einzelhändler im Allgemeinen hat das Thema des diesjährigen ›Handelsforums‹ – »Innovative Verkaufskonzepte im Handel und was sie bringen« – für mich dieselbe Bedeutung wie für alle anderen Einzelhändler, gleich welches Produkt sie verkaufen.

Nun bin ich kein Mann der vielen und großen Worte, und doch möchte ich Ihnen am Beispiel meines Hauses kurz erläutern, was es bedeutet, mit Erlebnis und Servicequalität jeden Tag das Bestmögliche zu geben. Diese Messlatte, der Beste zu sein – das mag bei einem Einzelfachhändler meines Kalibers ein sehr hoher Anspruch sein, einer, dem es gilt, jeden Tag gerecht zu werden. Der Weg dahin war lang und häufig auch recht steinig, doch das soll hier nicht im Einzelnen erörtert werden.

Im Jahre 1963 machte ich mich als Siebzehnjähriger mit nicht mehr als dreitausend Mark selbständig. Elf Jahre später eröffnete ich mein ›Haus der 10.000 Pfeifen‹. Heute, 1996, ist daraus ein kleines Imperium geworden: zwei Tabakwarengeschäfte, Groß -und Versandhandel in den USA und in Taiwan. Dieses kleine Imperium zu führen erfordert weniger Mut als vielmehr eine enorme physische Anstrengung, nicht zuletzt auch eine intakte Familie, was für mich besonders wichtig ist.

Sehen Sie, die Firma ist mein Leben! Ich bin kein Mensch luxuriösen Lebensstils. Und welchen Sinn die Anhäufung von immer mehr Geld als Selbstzweck haben soll, hat mir auch noch niemand vernünftig erklären können. Insofern ist Geld für mich nur ein Arbeitsmittel, etwas, mit dem ich neue Projekte in Bewegung setzen kann. Und Größe? Größe ist nicht die Dimension des Geschäfts, sondern die Haltung zur Arbeit, zu einer Aufgabe, zu den Mitmenschen – und nicht zuletzt zu den Kunden.

Dass höchste Qualität für mich immer ein Auftrag gewesen ist, dem ich besonders beim Einkauf nachgehe, ist sicherlich als ein nicht geringer Teil meines Erfolgs anzusehen. So ist es eine Selbstverständlichkeit für mich, etwaige Reklamationen großzügig zu handhaben, auch wenn sie manchmal die Grenze des Machbaren eigentlich übersteigen.

Diese Einstellung, die mich schon immer geleitet hat, führte dazu, immer perfekter zu werden, das heißt, ich habe nicht nur versucht, die besten Produkte für meine Kunden einzukaufen, sondern auch, meine Kunden bestens zu bedienen. Wer einmal ein hohes Niveau erreicht hat, ist natürlich auch bestrebt, diesen Standard zu halten. Hierzu muss ich jedem Kunden beweisen, dass unsere Servicequalitäten und Produkte tatsächlich eine Alleinstellung einnehmen, die ganz oben angesiedelt ist.

Dazu gehört etwa das abgenutzte Pfeifenmundstück, das wir unentgeltlich aufpolieren, während der Kunde bei einer Tasse Kaffee darauf warten kann. Dazu zählt außerdem derjenige, der beim Pfeifenkauf gerne beraten werden möchte und zudem unschlüssig nach »seinem« Tabak sucht: Bei mir kann er mehr als zweihundert Sorten kosten und wird dabei die Mischung finden, die seinem Geschmack entspricht. All das in Perfektion darzubieten ist ein weiterer Teil unseres Erfolgsgeheimnisses – ebenso eine genaue Kenntnis der Materie als selbstverständliche Voraussetzung, die der Kunde erwarten darf.

Das A und O: Freude an der Arbeit

Sie sehen, erfolgreich verkaufen, jeden Tag der Beste sein ist weniger eine Geheimwissenschaft als vielmehr eine Kombination aus Kompetenz, innovativen Ideen, Achtung vor dem Kunden und vor allem Freude an der Arbeit. Solange meine Mitarbeiter und ich jeden Tag Freude an unserer Arbeit haben, werden wir diese Atmosphäre auch auf unsere Kunden übertragen können. Auch das ist eine Binsenweisheit, zu der weder Sie noch Ihre Mitarbeiter einen sündhaft teuren Verkaufstrainer benötigen.

Den Kunden als Persönlichkeit annehmen, ihm in Zeiten der Massenabfertigung zu vermitteln, nicht einer unter vielen zu sein, dessen Geld man jedoch gerne nimmt – auch darin liegt ein Teil des Erfolgs. Eines müssen Sie in diesem Zusammenhang wissen: Pfeifen- und Cigarrenraucher sind sehr eigene Menschen – Menschen, die sich nicht mit einer Behandlung als »durchlaufender Kunde« zufriedengeben möchten. Außerdem: Klingt »durchlaufender Kunde« nicht ähnlich wie »durchlaufender Posten«? Hand aufs Herz: Strebt einer unter Ihnen in seinem Arbeitsalltag eine Tätigkeit an, die der eines Durchlauferhitzers gleicht? Wohl kaum.

Zurück zu unserem Arbeitsalltag. Großen Anklang – und Andrang – erleben wir beispielsweise, wenn ich mehrmals im Jahr namhafte Pfeifenhersteller einlade, die dann ihre Pfeifen in meinen Geschäften vor Publikum herstellen. Wer möchte, kann sich dabei seine ganz persönliche Pfeife fertigen lassen. Erlebnisqualität im Handel hat also keineswegs etwas mit Zirkusnummern zu tun, bei denen sich die Mitarbeiter Rad schlagend durch die Geschäftsräume bewegen.

Bereits seit sechs Jahren bringe ich dreimal im Jahr eine Zeitschrift mit dem Titel Smoker Journal heraus – mit Informationen aus der Welt der Tabakkultur, zu neuen Pfeifenmodellen sowie zu Raritäten. Und vor zwanzig Jahren habe ich in meinem Kölner Geschäft etwas begonnen, das später die Friseure übernommen haben und das heute in vielen anderen Branchen gang und gäbe ist: dem Kunden eine Tasse Kaffee anzubieten. Das entspannt die Atmosphäre, er fühlt sich willkommen geheißen, und man kann sich – sehr wichtig – gemeinsam in Ruhe dem Zweck seines Besuchs widmen.

Der Kunde ist mein Freund

Sehen Sie, meiner Lebensphilosophie nach ist der Kunde mein Freund, und da ich möchte, dass meine Freunde zufrieden sind, begegne ich ihnen dementsprechend. Die Menschen, die zu mir kommen, sollen sich wohlfühlen. Jeder, der unzufrieden aus meinem Geschäft geht, ist für mich ein verlorener Kunde – und so weit darf es gar nicht erst kommen. Wissen Sie, man sollte sich wieder darauf besinnen, mit »Herz« zu verkaufen, sich freuen, wenn ein Kunde den Laden betritt. Bei mir wird derjenige, der eine Pfeife für dreitausend Mark kauft, nicht anders behandelt als derjenige, der eine für dreißig Mark erwirbt – und meine Kunden honorieren das.

Um meine Philosophie besser zu verstehen, möchte ich sie Ihnen kurz erläutern: Ich bin bekennender Katholik. Bei mir lautet die Reihenfolge: der Glaube an Gott, meine Familie und dann mein Geschäft. Nennen Sie das ruhig die »Heinrich'sche Dreieinigkeit«. Was immer ich auch mache, ich mache es mit Leib und Seele – ansonsten kann ich es auch bleiben lassen. Mich fasziniert die Materie, mit der ich täglich umgehe, denn meiner Meinung nach gehören Tabake, Pfeifen und Cigarren zu den interessantesten Produkten, die es auf dieser Welt zu kaufen gibt.

Das mag vielleicht einigen von Ihnen nicht ganz verständlich erscheinen, und deshalb möchte ich an dieser Stelle ein paar kurze Überlegungen prinzipieller Art anstellen. Warum, so frage ich mich, genießt der amerikanische Handlungsreisende, der »salesman«, in seinem Land ein so hohes soziales Ansehen und sein deutscher Kollege, der Vertreter, ein so miserables? Gleiches gilt in diesem unserem Land für den Verkäufer oder die Verkäuferin, selbst wenn man sie zu »Einzelhandelskaufleuten« befördert hat. Ob da wohl Rückschlüsse auf die Wirtschafts-, die Verkaufskultur möglich sind? »Verkaufen«, sagte einmal der deutsche Mathematiker und Wirtschaftswissenschaftler Helmar Nahr, »verkaufen heißt, dem Verkäufer behilflich zu sein, mit der Ware eine positive Vorstellung zu verbinden.«

Vielleicht sollten wir uns daran erinnern, dass die Entscheidung für ein Produkt weit mehr mit dem Akt des Sich-Inspirieren-Lassens, des Sich-Informierens und des genussvollen Auswählens zu tun hat als mit dem simplen Tausch einer Ware gegen Geld. Sicherlich werden mit aller Motivation und auch mit der entspanntesten Atmosphäre nicht der notorische Nörgler, der Miesmacher oder der zwanghafte Besserwisser außer Gefecht gesetzt, doch eines ist damit grundsätzlich erreicht: Der Kunde wird das ihm entgegengebrachte persönliche Willkommen in fast allen Fällen erfreut zur Kenntnis nehmen – und er wird es zu unterscheiden wissen von all jenen Fällen, in denen ihm derart unpersönlich begegnet worden ist, dass er sich schon gefragt hat, ob er etwas falsch gemacht habe. Dass er überdies von uns kompetent, freundlich und geduldig beraten wird, versteht sich von selbst.

In meinen Geschäften habe ich genug Pfeifen am Lager, um die optimale Versorgung meiner Kunden stets zu gewährleisten. Trotzdem bin ich andauernd auf der Suche nach neuen Entwicklungen. Der Einkauf ist nun mal eines der entscheidenden Kriterien. Hier gilt es, die richtige Relation von Menge und Preis zu finden, wobei ich der Ansicht bin, man solle Sonderangebote nicht überbewerten. Masse anstatt Klasse rechnet sich in meiner Branche nicht. Schon gar nicht in unserer zunehmend genussfeindlichen Zeit. Zudem vertrete ich den Standpunkt, ein Produkt nicht unbedingt wegen seines großen klangvollen Namens ins Sortiment aufzunehmen. Ich schaue da schon gerne genauer hin, denn es lohnt sich häufig, auch kleinen und innovativen Herstellern eine Chance zu geben. Darüber hinaus bin ich der Meinung, dass viel zu viel über den Preis gesprochen wird. Meiner Erfahrung nach gibt der Kunde für Qualität mehr Geld aus, als man allgemein glaubt...

Meine sehr verehrten Damen und Herren, Sie waren mir eine geneigte und geduldige Zuhörerschaft. Dafür danke ich Ihnen" (Quelle Archiv PH)

Innovation im Einzelhandel - Vortrag Peter Heinrichs vor Libri-Buchhändlern im August 2007 in Bad Hersfeld (Auszugsweise - Quelle *Jan-Geert Wolff*/ DTZ /Archiv PH)

Gebannt lauschten die Zuhörer dem Vortrag des Kölner Fachhändlers Peter Heinrichs. Fotos Volker Oehl/Jan-Geert Wolff

„Ich möchte mich zu Beginn meines Vortrags für die Möglichkeit bedanken, vor Ihnen sprechen zu können. Wir alle arbeiten im Facheinzelhandel – Sie verkaufen Bücher, ich verkaufe Tabak, wobei ich mir bewusst bin, dass Sie durch Ihr Produkt niemals so viele Feinde haben werden, wie ich sie habe.

Was wir aber gemein haben: Unsere jeweiligen Gegenspieler machen uns das Handeln und damit das Leben schwer. In Ihrem Fall wird weniger gelesen, weil die schnelle, oberflächliche und daher oft nur zu dünne Information via Fernsehen und Computer anstelle des viel nachhaltigeren, aber leider eben auch zeitaufwendigeren Bücherstudiums getreten ist und die Kinder nicht mehr den genügenden Spaß am Lesen vermittelt bekommen. In meinem Fall wiederum sind eine gesellschaftliche Ächtung des Rauchens und eine damit verbundene intensive politische Regulierungswut zu beobachten – eine Entwicklung, die meine Kunden geradezu zwingt, immer weniger Tabak zu konsumieren.
Zwei Fragen sind mir gestellt worden, über die ich heute referieren soll. Die erste – »Ist alles, was mit dem Rauchen zusammenhängt, dem Untergang geweiht? « – kann ich nicht abschließend beantworten. Nur so viel: Ich hoffe jedoch nicht! Bei der zweiten sieht es bedeutend besser aus. Sie lautet: Was muss der Handel machen, wie muss er agieren und reagieren, um auf dem Markt Kundenmagnet zu bleiben beziehungsweise zu werden? ...

Jedes Portemonnaie ist willkommen

Wie ehedem fallen uns Fachhändlern die Früchte nicht in den Schoß. Womit ich zur zweiten Frage komme, die ich heute behandeln möchte: Was muss der Handel machen, wie muss er agieren und reagieren, um auf diesem Markt Kundenmagnet zu bleiben beziehungsweise zu werden? Auf diese Fragen gibt es keine einfache Antwort, sondern eine Vielzahl von möglichen Antworten.
Die Menschen kommen in mein Geschäft, weil Sie wissen, dass ich mich über den Besuch eines jeden freue, egal wie gut gefüllt sein Portemonnaie ist. Denn ich betrachte meine Kunden nicht als Menschen, die mir ihr Geld gegen Ware geben, sondern als meine Freunde, denen ich mit meinen Produkten Zugang zu einer Welt des Genusses verschaffe.
Um im Einzelhandel heute erfolgreich arbeiten zu können, um also ein Kundenmagnet zu werden und zu bleiben, muss man genauso wie ein Magnet seine Anziehungskraft steigern und behalten. Dafür gibt es leider – oder: eigentlich zum Glück – kein Patentrezept, sondern es sind die vielen kleinen Puzzleteilchen, die ein Gesamtbild ergeben.
Wie ich schon sagte, betreten meine Geschäfte keine Kunden, sondern nur Freunde. So sehe ich das jedenfalls. Natürlich finden sich unter meinen Kunden auch Menschen, die ich, um es einmal diplomatisch auszudrücken, privat nicht die ganze Zeit um mich haben möchte. Aber auch von ihnen bin ich als Einzelhändler abhängig: Pfeifen und Cigarren, Feuerzeuge und andere Accessoires lassen sich heute im Internet teilweise preiswerter erwerben als in meinen Geschäften, in denen ich exakt dieselben Produkte anbiete. Bei Ihnen verhindert die Buchpreisbindung zwar einen Preiskampf, doch betritt man die Buchhandlung, in der man früher ein- und ausging, vielleicht seltener, wenn

man seine Bücher zeitsparend im Internet bestellen kann und sie noch kostenlos nach Hause geschickt bekommt.

Wir sind als Fachhändler davon abhängig, dass der Kunde bei uns im Laden einkauft, dass er überhaupt in einem Laden einkauft. Wissen Sie, ich neide keinem Kollegen den Erfolg, denn ich sage mir: Wenn ein Fachhändler, sagen wir in Hamburg, erfolgreich Pfeifen verkauft und wenn der Kunde Müller aus Hamburg mal nach Köln kommt und mein Geschäft sieht, dann habe ich nur eine Chance, dass dieser Kunde Müller auch meinen Laden in der Absicht betritt, etwas zu kaufen, nämlich dann, wenn er in Hamburg gut bedient wird, denn sonst würde der Kunde Müller überhaupt nicht Pfeife rauchen – und an meinem Laden achtlos vorbeigehen.

Ich respektiere also meine Kunden und interessiere mich für sie. Das führt dazu, dass sich nicht selten aus einer flapsigen oder humorvollen Bemerkung ein Gespräch entwickelt – mit der angenehmen Begleiterscheinung, dass der Kunde länger im Laden verweilt als vorgesehen...

Um ein Publikumsmagnet zu werden und – vor allem – zu bleiben, ist gute Behandlung der Kunden und ein breites Angebot natürlich nicht alles. Wenn ich keine neuen Ideen mehr habe, bedeutet das für mich Stillstand. Dabei interessiert mich nicht, ob in China ein Fahrrad umfällt, sondern was bei mir passiert, in meinem Land und in meiner Stadt. Ideen kommen mir übrigens bei der Arbeit, sind also Produkte meiner Arbeit. Und da ich fünfzehn Stunden am Tag effektiv arbeite, habe ich genügend Zeit für Ideen. Wichtig für meinen Erfolg ist dabei natürlich die konsequente Verfolgung meiner Firmenphilosophie, von denen ich einige der viele Facetten Ihnen skizzieren durfte...

Ich glaube an mich und mein Produkt

Wissen Sie: Ich glaube einfach an mich und mein Produkt, ich habe die Unterstützung meiner Familie und vieler Freunde, zu denen ich alle meine Kunden zählen möchte – und ich entwickele immer neue Ideen, um meine Anziehungskraft für meine Kunden nicht zu verlieren.

Vielleicht ziehe ich meine Anziehungskraft aber auch aus einer anderen Denkweise: Wir Deutschen sind ja Weltmeister – wenn schon nicht im Fußball, so doch im Jammern. Ich weiß nicht, wie es in Ihrer Branche ist, aber bei uns beweint man die kleinen Margen, die mangelnde Unterstützung der Industrie, die raucherfeindliche Stimmung und andere sicherlich im Großen und Ganzen beklagenswerten Missstände. Aber dabei legt man die Hände in den Schoß und wartet auf bessere Zeiten. Das bringt aber weder Kunden in den Laden noch Geld in die Kasse.

In Zeitungsartikeln wurde ›Peter Heinrichs‹ schon mal als das beste Tabakgeschäft der Welt bezeichnet. Ob das wirklich so ist, mag dahingestellt *sein, denn das müssen nicht zuletzt meine Kunden entscheiden. Was ich aber weiß, ist Folgendes: Wir sind unverwechselbar, weil wir einen ganz eigenen, einen unvertauschbaren Charakter haben. Und das schätzen unsere Kunden an uns, und deswegen kommen sie immer wieder gerne in unsere Geschäfte – was beweist, dass man auch und gerade in schweren Zeiten ein Kundenmagnet sein kann. "*

(Auszugsweise - Quelle *Jan-Geert Wolff* / DTZ/ Archiv)

Wie man sich zur Marke macht

Vortrag Peter Heinrichs in Hameln Anfang Mai 2010 vor den Mitgliedern desVerbandes „Deutscher Betten-Fachhändler" (Auszugsweise - Quelle *Jan-Geert Wolff* DTZ /Archiv PH)

Peter Heinrichs – Verkaufsspezialist

„Als man mich bat, hier heute zum Thema »Wie man sich zur Marke macht« zu sprechen, sagte ich mit gemischten Gefühlen zu, denn über sich selbst als Marke zu sprechen bedeutet automatisch, sich selbst zu loben. Andererseits spreche ich gerne über mich – und ich lobe mich dabei natürlich auch ausgiebig.
Womit wir bereits mitten im Thema sind: Um mich selbst zur Marke zu machen, muss ich von mir selbst und von dem, was ich tue, überzeugt sein, ja, ich muss mich und das lieben, was ich mache und tue, denn nur auf diese Weise kann ich auch andere überzeugen: von mir als Person, von meinem Geschäft und von meiner Tätigkeit. Die besteht darin, dass ich Cigarren, Pfeifen und Tabak sowie die dazugehörigen Accessoires verkaufe.

Externer Motivationstrainer – fast ohne Chance

In den letzten Jahrzehnten habe ich es also offensichtlich geschafft, mir einen Namen zu machen. Habe ich es also auch geschafft, mich zur Marke zu machen? Und: Ist Peter Heinrichs damit ein Markenname? Anscheinend schon, denn sonst hätte man mich sicherlich nicht eingeladen, um Ihnen heute davon zu erzählen. Außerdem ist der Name ›Peter Heinrichs‹ natürlich auch geschützt, unter anderem für meine eigene Cigarettenmarke.

Theorie ist gut, Praxis ist besser

Ich werde Ihnen heute mit Sicherheit keinen Vortrag zu Marke und Markenstrategie halten, denn wenn Sie zehn Bücher zu diesem Thema lesen, finden Sie mindestens ebenso viele Vorschläge und Konzepte, wie man eine Marke zu entwickeln und zu positionieren, sie zu pflegen und auszubauen hat. Ich darf Ihnen versichern, dass ich noch nie ein Buch zu diesem Thema gelesen habe. Warum? Weil ich für so etwas gar keine Zeit habe und mich lieber selbst zur Marke mache, als mir zeigen zu lassen, wie man das am besten schafft. Wie sagt schon Goethe in seinem Faust: »Grau, teurer Freund, ist alle Theorie und grün des Lebens goldener Baum. «
Trotzdem war es interessant, sich im Vorfeld meines Vortrags auch einmal ein wenig mit der Theorie zu beschäftigen – und wenn auch nur, um zu schauen, ob ich alles richtig gemacht habe oder welche Fehler mich nicht daran gehindert haben, zur Marke zu werden ...
Juristisch gesehen ist eine Marke ein Warenzeichen, ein Name oder ein Symbol, mit dem Produkte gekennzeichnet werden, um ihre Einmaligkeit auszudrücken. Wer solch ein Produkt kauft, weiß in der Regel, dass er Qualität ersteht, eine

Qualität, die er für gut befunden hat, weshalb er sich auch immer wieder für diese bestimmte Marke entscheidet. Werbung kann diesen Prozess begleiten und, wenn sie intelligent gemacht ist, natürlich unterstützen. Überzeugen muss letztendlich aber das qualitativ wertige Produkt selber. Denn erst dann wird aus diesem Produkt eine echte Marke, eine, welcher der Kunde vertraut und an die er sich nicht nur binden lässt, sondern zu der er aus eigener Überzeugung immer wieder greifen wird.

Doch die theoretischen Überlegungen führen uns vom eigentlichen Thema weg: Ich wurde nicht gefragt, wie man generell eine Marke schaffen, sondern wie man sich selbst zur Marke machen kann. Während ich Ihnen hierzu durchaus etwas erzählen kann, benötigt man in puncto Produktstrategie – so kam mir das beim Überfliegen und Durchblättern so manchen fachbezogenen Artikels jedenfalls vor – ein Studium der Volks- und Betriebswirtschaft. Ratsam wäre es auf jeden Fall. Damit kann ich leider nicht dienen, denn ich habe nur die Volksschule besucht und – das möchte ich hier unbedingt erwähnen – auch abgeschlossen.

Zurück also zu der Frage, die daran schuld ist, weshalb ich hier vor Ihnen stehe: Wie kann man sich zur Marke machen? Wenn mir jemand diese Frage stellt, reagiere ich hierauf mit einer Gegenfrage: Kann eine Person, kann ein Mensch überhaupt selbst zur Marke werden? »Du bist mir vielleicht 'ne Marke«, heißt es im Rheinland schon einmal zu jemandem, wenn dieser Jemand nicht in irgendeine denkbare Norm passt – sich eben nicht so verhält wie erwartet oder gewohnt. Auf unser Thema bezogen, heißt das: Man muss sich unterscheiden, in gewisser Art ein Stück weit einzigartig sein und somit seine Umwelt überraschen. Oder anders ausgedrückt: Man muss eine eigene Persönlichkeit haben, sie entwickeln und pflegen, zu ihr stehen und sie letztendlich auch für seine hoffentlich stets ehrenwerten Ziele einsetzen. Sie haben in Ihrem Bekanntenkreis doch sicherlich auch den einen und anderen Menschen, zu dem Sie teils kopfschüttelnd, aber auch anerkennend sagen könnten: »Du bist mir vielleicht 'ne Marke ...« Wenn dem so ist, dann können Sie leicht nachvollziehen, was ich meine.

Normalität sorgt nicht für Aufmerksamkeit

Im öffentlichen Leben beziehungsweise im Alltag begegnen einem ebenfalls Marken: Menschen, die auffallen, weil sie eben nicht stromlinienförmig und daher konturlos daherkommen. Einer meiner Freunde, der frühere Kölner Regierungspräsident Franz-Josef Antwerpes, nicht selten als »letzter Kurfürst von Köln« tituliert, übrigens ein begeisterter Cigarrenraucher, war dafür bekannt, dass er bei nächtlichen Geschwindigkeitskontrollen auf den Autobahnen Höchstselbst mit der Polizeikelle vor Ort war und so manchen

Verkehrssünder aus dem fließenden Verkehr gewunken hat; ›Daimler‹-Chef Dieter Zetsche wiederum fällt optisch durch seinen imposanten Schnauzbart auf; der Fernsehkoch Horst Lichter, ebenfalls ein guter Freund von mir, hat zwar auch einen Bart, der auffällt, aber viel mehr beeindruckt er durch seine einfache, ehrliche Art sowie seine Bodenständigkeit, zu der sich ein schlagfertiger Humor gesellt – und sorgt damit für gute Laune; der konservativ anmutende Gentleman Wolfgang Grupp propagiert als Inhaber der Firma ›Trigema‹ die Werte einer nachhaltigen Unternehmensführung gegenüber dem Streben nach dem schnellen Gewinn, setzt sich dabei auch immer für den Wirtschaftsstandort Deutschland ein; Angela Merkel, unsere Bundeskanzlerin, hat den Hosenanzug und die Jacke mit zwei, manchmal drei großen Jackenknöpfen wieder salonfähig gemacht; schließlich setzt die ›Grünen‹-Politikerin Claudia Roth mit farbenfrohen Kostümen und gefühlsbetontem Auftreten Akzente. Kabarettisten nehmen solche »Markenzeichen« oft als Anregungen für ihr Programm auf. Ob man diese Personen im Einzelnen nun mag oder nicht: Sie und andere haben sich selbst zum Markenzeichen entwickelt.

Der Fachbegriff hierfür lautet »Self Branding«. Er befriedigt nicht nur das Ego eines Managers beziehungsweise desjenigen, der mit »Self Branding« erfolgreich ist – in meinem Fall sprechen manche seit langem von einer ausgeprägten Profilneurose –, sondern fällt auch auf die Marke, das Produkt, die Partei oder die Show zurück. Wenn das auch bei einem Geschäft funktioniert und somit Umsatz und Gewinn gesteigert werden, ist es also durchaus sinnvoll, wenn man sich zur Marke machen kann. Doch wovon hängt die Wirkung einer Marke ab? Eine wichtige Entdeckung der letzten Jahre ist in diesem Zusammenhang die Emotionalität.

Erfolgreich sind die Marken, die starke Gefühle wecken: Ein Auto ist für viele mehr als nur ein Gegenstand, um mit ihm von A nach B zu gelangen. Ich zum Beispiel fahre leidenschaftlich gerne »Ente« und bin mit diesem Vehikel jahrelang von meinem Heimatort zu meinem Laden in Köln gefahren, bevor das Auto durch die Abgasprüfung fiel und ich mit ihm nicht mehr in die Kölner Innenstadt fahren durfte. Diese »Ente« verkörpert für mich ein ganz bestimmtes Lebensgefühl während eines ganz bestimmten Lebensabschnitts, wohingegen für andere wiederum ein Sportwagen prägend für jenes Gefühl ist. ›Coca-Cola‹ beispielsweise ist für den einen ein koffeinhaltiges, süßes Kaltgetränk und für den anderen eine Kultmarke. Die Werbung weiß um diese Umstände und Befindlichkeiten, weshalb sie seit jeher auf die Emotionalität zielt. Da ist zum einen der freiheitsliebende Cowboy, der, mit der Cigarette einer bestimmten Marke zwischen den Lippen, durch die Prärie reitet, da ist zum anderen der »krönende« Filterkaffee, und da ist schließlich ein Sekt, der Götz George zu der Aussage animierte, man solle lieber »trocken trinken statt trocken feiern«.

Marke gleich Lebensgefühl? Ist diese Gleichung richtig? Sie geht auf, wenn ich meinen Kunden durch meine Produkte, ihre Präsentation und natürlich durch mein Auftreten ein besonderes Gefühl, besondere Reize vermitteln kann. Das Geheimnis, als Einzelhändler zur Marke zu werden, liegt übrigens nicht nur im Produkt, das man anbietet, sondern auch darin, wie man es in der Auslage und daneben im Geschäft optisch anbietet. In diesem Zusammenhang erinnere ich mich an eine Kundin, die bei uns mal Pfeifenfilter – ich meine, es wäre eine 100er-Packung gewesen – kaufte und kurze Zeit später zurückkam, weil sie nicht wusste, was sie da erstanden hatte. Es war offenbar nur die einladende Präsentation des Produkts direkt an der Kasse gewesen, die sie zum Kauf bewogen hatte ...

Der Inhaber eines Autohauses für exklusive Sportwagen hat es hier natürlich bedeutend leichter als unsereiner – allein schon deshalb, weil er ja ein Markenprodukt anbietet, das ihm Marken- und damit Selbstbewusstsein verleihen kann. Andererseits habe ich es selbst in der Hand, als Einzelhändler – und somit auch ein bisschen als Einzelkämpfer – erfolgreich zu sein, selbst wenn ich auf der einen Seite gezwungen bin, mich mit wirtschaftlichen Entwicklungen auseinanderzusetzen, oder mich auf der anderen Seite, wie derzeit in unserer Branche, genötigt fühle, mich gesellschaftlichen Strömungen entgegenzustemmen...

Der Vorteil des Exklusiven

Ich wurde einmal von einer Journalistin gefragt, was ich machen würde, wenn ich keine Pfeifen, keinen Tabak und keine Cigarren mehr verkaufen dürfte. Wissen Sie was? – Ich würde wahrscheinlich Besen verkaufen, und zwar Besen aus Südamerika, aus Afrika, aus Russland, also aus jedem Land dieser Welt. Da kämen ungefähr zehntausend Besen zusammen. Und ich würde diese Besen in meinem Geschäft in Köln und auch im Internet entsprechend präsentieren. Sie können davon ausgehen, dass sich innerhalb von zwei Jahren weltweit herumgesprochen hätte, dass es da in Köln einen Laden gibt, der alle Besen dieser Welt verkauft. Und da die Menschen ja immer über unterschiedliche finanzielle Mittel verfügen, würde mit Sicherheit ein vermögender Kunde, der gerne einen bestimmten Besen aus der Ukraine, aus Sibirien oder aus China haben möchte, diesen Besen bei mir bekommen. Ein Weiteres käme hinzu: Er würde sich mit absoluter Gewissheit nicht groß umschauen, ob er das Stück irgendwo billiger bekommen könnte, weil er ja glücklich wäre, ihn überhaupt kaufen zu können – und weil er wissen würde, dass er diesen ganz bestimmten Besen bei mir bekäme. Die Idee, Besen zu verkaufen, wird sicherlich irgendwann einmal jemand aufnehmen, und ich hoffe, dass ich es nicht werde sein müssen. Aber darum geht es nicht, sondern darum, dass es wichtig ist, etwas weltweit Einzigartiges zu schaffen.

Wenn Sie jetzt fragen: Warum Besen? dann sage ich Ihnen: Besen braucht jeder Mensch. Der Villenbesitzer zum Beispiel will etwas haben, was sein Nachbar nicht hat – also kauft er sich einen sehr ausgefallenen Besen, weil er sich denken kann, dass sein Nachbar viel Mühe und noch mehr Zeit aufwenden muss, will er einen solchen oder einen noch ausgefalleneren Besen erwerben. Mit solch einem Besengeschäft hätten Sie eine marktbeherrschende Stellung. Aber Vorsicht: In dem Moment, in dem Sie sich entschließen, zusätzlich auch noch Scheuermittel, Schwämme und andere Produkte anzubieten, von denen Sie glauben, sie würden zum Besen passen, würde Ihr Absturz beginnen. Warum? Weil Sie dann kein Besenspezialist mehr wären, sondern ein Reinigungsspezialist. Damit kann man zwar auch Geld verdienen, aber mit Beginn der Erweiterung Ihres Angebots verlieren Sie augenblicklich Ihren Exklusivanspruch. Darüber hinaus sollten Sie eines bedenken: Wer zu viele Eisen im Feuer hat, dem werden mit Sicherheit einige kalt...

Etwas anderes, gleichwohl etwas sehr Wesentliches ist im Grunde genommen ganz einfach: Seien Sie freundlich zu Ihren Kunden. Sie haben es bei einem Ihrer Einkäufe sicher schon selbst erlebt, dass Sie zwar nicht unbedingt unhöflich, aber eben auch alles andere als zuvorkommend bedient worden sind, egal, ob Sie nun Pfeifentabak, Rum, Besen oder grüne Eichhörnchen kaufen wollten. Ich bin mir sicher, dass dieser Umstand an der falschen Wahrnehmung des Personals liegt: Von wem bekomme ich denn mein Gehalt, wenn ich beispielsweise in einem großen Supermarkt an der Kasse sitze? Das Bargeld, das mir der Kunde für seinen Einkauf in die Hand drückt, fließt jedenfalls in die Kasse des Konzerns, der mir mein Gehalt bezahlt. Dabei liegt die Lösung zum Zeitpunkt des Einkaufs auf der Hand: Der Kunde gibt mir sein Geld! Er ist es letztendlich, der mich bezahlt! Zu ihm muss ich freundlich sein, ihn muss ich dadurch überzeugen, seinen nächsten Einkauf wieder in dem Geschäft zu tätigen, in dem ich arbeite!

Auch wenn wir damit mitten in der Praxis angekommen sind, erlaube ich mir hier dennoch einen kurzen Gedanken aus einem theoretischen Lehrbuch: »Unter Markenstrategie versteht man die Strategie eines Unternehmens zur Vermarktung seiner Produkte. Das betreffende Unternehmen versucht, sich mit seinen Produkten vom Wettbewerber zu unterscheiden und den Verbraucher dadurch an seine Produkte und damit an sein Unternehmen zu binden.«

Wie das funktioniert, erläutert uns schon der Philosoph Immanuel Kant mit seinem Kategorischen Imperativ. Hier haben wir es mit einer goldenen Regel zu tun, die, volkstümlich formuliert, schlicht und einfach besagt: »Was du nicht willst, dass man dir tu', das füg' auch keinem andern zu.« Auf uns im

Einzelhandel gemünzt, heißt das: So wie du in einem Geschäft bedient werden möchtest, nämlich persönlich und zuvorkommend, fair und freundlich, höflich und mit einer überzeugenden Kompetenz, so musst du auch deine Kunden behandeln. Eigentlich ganz einfach, oder?

Solange sich diese Einsicht im Einzelhandel aber nicht durchsetzt, bläht der Wind, der durch die viel zitierte Servicewüste Deutschland weht, immerhin die Segel desjenigen, der sich anders als andere verhält, unterstützt er den, der auffällt, der Emotionen wecken kann, auch wenn ein Kunde bei ihm vielleicht nur ein Päckchen Cigaretten kauft. Gerade in Krisenzeiten kann eine solche Kundenbindung für einen Händler wortwörtlich Gold wert sein.
Ein kluger Mann hat es mal recht drastisch formuliert:»Der Kunde ist nicht König und auch nicht Kaiser: Er ist ein Gott, der über Tod und Leben deines Geschäfts entscheidet. « Ich stimme ihm zwar grundsätzlich zu, behandele meine Kunden jedoch anders: Sie sind bei mir ebenfalls keine Könige, denn so viele Monarchen würde unsere Republik nicht verkraften. Aber sie sind meine Freunde – übrigens unabhängig davon, ob sie ein Päckchen Tabak für zehn, eine Cigarre für zwanzig oder eine Pfeife für tausend Euro bei mir kaufen. Ich interessiere mich für meine Kunden und weiß daher, was sie wollen. Und ich weiß auch, dass ich ein Produkt habe, von dem sie noch gar nicht wissen, dass sie es wollen ...

Zudem nehme ich mir Zeit für meine Kunden – was ich mir erlauben kann, denn ich stehe jeden Tag von sechs Uhr morgens bis zwanzig Uhr abends hinter der Kasse. Was ich damit sagen will: Ich bin als Peter Heinrichs, als Geschäftsführer des ›Hauses der 10.000 Pfeifen‹ in Köln für meine Kunden in einem solchen Maße da, wie ich für meine Freunde da wäre. Und das ist kein Werbegag, sondern entspricht der Wirklichkeit: Ich freue mich wirklich über jeden Einzelnen, wenn er in meine Geschäfte kommt. Und weil der Kunde das merkt, kommt er wieder, ist er der Marke ›Peter Heinrichs‹ treu.

Damit sind wir wieder bei der so enorm wichtigen Erkenntnis der Marketingforschung, sind wir bei der Bedeutung der Emotion. Meine Kunden sind meine Freunde, und sie sollen sich bei uns auch genau so fühlen, nämlich wohl. Das ist unser Markenzeichen. Das macht uns zur Marke: Meine Mitarbeiter und ich sind überzeugt von unserer Art, unseren Kunden gegenüberzutreten: persönlich und zuvorkommend, fair und freundlich, höflich und mit einer überzeugenden Kompetenz. Damit wiederhole ich mich zwar, aber wichtige Dinge kann man ja ruhig öfter sagen ...“

(Quelle *Jan-Geert Wolff*, / DTZ/ Archiv PH)

13. Literaturverzeichnis und Quellen

Berichte und Zitate von Peter Heinrichs sind in der Zeit von 2007 bis 2010 persönlich gehört, erfragt, mitgeschrieben oder aufgenommen worden. (siehe auch Kap.14 persönliches Nachwort und Dank)

Stadt Anzeiger (KStA)
Kölnische Rundschau
Kölner Wochenspiegel
Bild – Zeitung
Kölner Express
Smokernews.de
Die Tabak Zeitung (DTZ) Jan Geert Wolff
Das Tabakblatt, Autor Willy Berens
Smoker Journal von Peter Heinrichs
Reinold Louis, Autor, Kölner Originale
Der Sack e.V. Homepage
Wikipedia.de
Aktiengesellschaft Zoologischer Garten Köln
Hänneschen, Puppenspiele der Stadt Köln

Akademie för uns kölsche Sproch „Dokumentation der aktuellen Stadtsprache in Köln", 1998 herausgegeben von der Akademie för uns kölsche Sproch, der SK Stiftung Kultur der Stadtsparkasse Köln in Zusammenarbeit mit dem Landschaftsverband Rheinland –Amt für rheinische Landeskunde Bonn, von Christa Bhatt und Markus Lindlar

Titelbild: Fotostudio Balsareit, Hahnenstr. 4, 50667 Köln

Buch- und Covergestaltung: Kurt Eggemann

Bilder aus dem Privatarchiv Peter Heinrichs:
Seiten: 09/ 15/ 20/ 23/ 24/ 25/ 26/ 28/ 30/ 31/ 32/ 35/ 39/ 41/ 52/ 54/ 56/ 58/ 59/ 65/ 67/70/ 71/ 77/ 78/ 81/ 107/ 108/ 109/ 117/ 135

Bild Seite 6: Patricia Eggemann
Bilder Seite 50/ 51: Hans-Jürgen Vog

Bilder aus dem Privatarchiv Kurt Eggemann:
Seiten: 04/ 12/ 22/ 55/ 60/ 61/ 63/ 64/ 65/ 83/ 85/ 86/ 88/ 89/ 95/ 125/ 126

14. Persönliches Nachwort, Dank und Widmung des Autors

Ich bin mit der *kölschen Sprache* aufgewachsen und bereits in der Kindheit viel in Köln herumgekommen. Im Alter von 4 Jahren bin ich mit meinen Eltern und Geschwistern nach Köln gekommen. und wohnte zuerst in der Mommsenstraße und später am Rathenauplatz. Die Kindergartenzeit verbrachte ich in Lindenthal, die Volksschule in Sülz, Lindenthal und Köln-Mitte Pfälzer Straße, die Kaufmanns-Lehre in Köln-Ehrenfeld und den Bundeswehrdienst am Salierring in Köln.

Ich habe Freunde gefunden und eine Familie gegründet, habe erfolgreich gearbeitet und alle sind gesund geblieben, ich habe Karriere gemacht, nur viel zu weit weg von Köln. Ich hatte großes Heimweh nach Köln!

In den vielen Jahren meiner beruflich bedingten Abwesenheit bin ich immer freitagabends nach Köln zurückgekommen, bin dann immer quer durch die Stadt gefahren, Abfahrt Köln-Deutz, Deutzer Brücke (ganz langsam), habe den Dom und das Stadtpanorama gesehen, bei Peter Heinrichs in der Hahnenstraße vorbeigekommen, am Melaten minge Papp „gegrüßt" und über den „Milli" nach Hause gefahren.

Heute bin ich nur noch in Köln und habe die Zeit und die Gelegenheiten, mich überall in Köln mit guten Freunden treffen zu können. Auch in der Genuss-Lounge von *Pfeifen-Heinrichs* in der Hahnenstraße und dann gemäß dem Leitspruch des 1979 von mir mitgegründeten 1.Kölner Pfeifenclub „De Pief es uss":

„In Freundschaft einen sehr guten Pfeifen-Tabak aus einer sehr guten Tabak-Pfeife zu genießen." (Zitat Kurt Eggemann)

Wie schon im Vorwort erwähnt, war die Freundschaft zu Peter Heinrichs ausschlaggebend für meine Idee, seinen *kölschen Geschichten* und denen der *Pfeifen-Heinrichs-Familie* einmal nachzugehen.

Die Grundlage, dieses Ziel zu erreichen, begann im Januar 2008 mit dem ersten Seminar „Kölsch Abitur" bei der „Akademie för uns kölsche Sproch". Drei weitere Seminare innerhalb von zwei Jahren sollten folgen. Für jedes Seminar war eine Abschlussprüfung in den Bereichen Kölsch-Abitur, Stadtgeschichte,

Sprachgeschichte, Literaturkunde und Brauchtum erforderlich. Erst nach erfolgreichem Abschluss dieser Seminare erhielt ich die Einladung zur Kölsch-Examensprüfung Anfang Januar 2010. Nach erfolgreichem Abschluss und dem Erhalt der Kölsch-Examens-Urkunde wurde es erst möglich, die bereits begonnenen Recherche- und Interviewarbeiten für diese „Kölsch-Diplomarbeit" bis Ende Dezember 2010 in Einklang zu bringen und der „Akademie för uns kölsche Sproch" im Dezember 2010 vorzulegen.

Ich habe Peter Heinrichs in den letzten Jahren sehr häufig in seinem Geschäft in der Hahnenstraße besucht. Neben den dort angebotenen Tabakspfeifen galt mein großes Interesse den dort verkehrenden Menschen. Prominente, Kölner, Nichtkölner, Geschäftsleute, Vertreter gehen hier ein und aus. Nicht alle, die ihn besuchen, sprechen kölsch. Ich habe es sogar erlebt, dass Peter neben seiner Heimatsprache Kölsch auch Englisch sprach. Das haute alle um. Englisch im Einklang mit der *kölschen Sprache*. Klingt einfach gut.

Mir ist es vergönnt gewesen, alle Berichte und Zitate in dieser Arbeit von Peter Heinrichs höchstpersönlich gehört oder erfragt zu haben, vieles auch mehrfach mit unterschiedlichen Varianten. Notizblock, Stift, ein Aufnahmegerät, Laptop und PC, ein Scanner, eine Kamera und viel Geduld waren meine ständigen Begleiter in den letzten zwei Jahren.

Immer, wenn die Ladentür aufging, hatte natürlich der eintretende Kunde absoluten Vorrang. Peter sprang dann auf, fragte nach dem Begehr und bot „einen Kaffee?" an.

Betraten mehrere Kunden das Geschäft, wusste ich sofort, für heute ist Schluss mit der Fragerei und Peters Antworten. Ich konnte dann meinen Block und das Aufnahmegerät zusammenpacken und auf morgen oder übermorgen hoffen.

Bei Kunden, deren Bedienung Peter selbst übernahm, gab es interessante Gespräche mit anzuhören, noch viel besser war es, plötzlich sogar in Gespräche mit einbezogen zu werden.

Ein Beispiel:

Wer einmal den ehemaligen Kölner Regierungspräsident *Dr. Franz-Josef Antwerpes* bei Peter angetroffen hat und das Gespräch zwischen „Antwerpes" und Peter mit angehört hat, konnte feststellen, dass „Antwerpes" in seiner langjährigen Dienstzeit als Regierungspräsident wohl doch gar nicht so „schlecht" gewesen ist, wie manch einer früher von ihm behauptet hat, und dass er im Übrigen genau wie Peter ein *kölsches Original* ist.

Peter und sein Freund der ehem. Regierungspräsident von Köln, *Dr. Franz Josef Antwerpes*

Persönlicher Dank des Autors

Ich möchte mich auf das herzlichste bei Peter Heinrichs und seiner Frau Gertrud bedanken. Ich habe das große Vertrauen, das die beiden mir zu jeder Zeit entgegenbrachten, sehr persönlich und freundschaftlich erlebt. Wenn Gertrud mir in Niederaußem bei der Sichtung des „PH Archives" einen Kaffee anbot, habe ich diesen immer gerne angenommen. Ich durfte tagelang in aller Ruhe im Museum des „Château Henri" sitzen, blättern, lesen, sortieren und einscannen.

Peter war an vielen Tagen in diesen zwei Jahren stundenlang mein „Immer-für-mich-da"-Gesprächspartner in der Hahnenstraße und sonntags auch in Niederaußem. Lieber Peter, diese Arbeit hat mir besonders viel Freude bereitet.

So viele kölsche Tön, so viele Menschen der gleichen Meinung:

„Peter Heinrichs, ein kölsches Original des 21. Jahrhunderts!"

Mein ganz besonderer Dank geht an *Heide Salentin*, Seminarleiterin an der „Akademie för uns kölsche Sproch". Ihr erzählte ich noch vor Beendigung des letzten Seminars von meiner Absicht, das Kölsch-Diplom der „Akademie för uns kölsche Sproch" zu erlangen. Das biographische Thema gefiel ihr, und sie sagte mir ihre volle Unterstützung als Mentorin zu.

Alice Herrwegen, verantwortlich für Seminare und Sprache an der „Akademie för uns Kölsche Sproch" danke ich für die große Bereitschaft der Akademie, sich meines Themas *Kölsche Originale* „akademisch" anzunehmen.

Heide Salentin ging sofort in Klausur mit mir. Ich hatte bis dahin schon einige Seiten geschrieben und wurde, nach deren Rückerhalt mit Randnotizen, schnell darüber aufgeklärt, dass der Korb zur Erlangung des Kölsch-Diploms wohl höher hängt als ich dachte. Diese Erkenntnisse sollten von nun an meine Ansprüche an mich selbst steigern helfen. *Heide Salentin* verfolgte ihr Ziel unablässig weiter, und ich weiß heute, dass es der richtige Weg war. Liebe Heide, meinen allerherzlichsten Dank.

Ingeborg Nitt, Leiterin der Bibliothek und des Archives der *Akademie för uns kölsche Sproch*, möchte ich danken, war es doch für mich immer möglich, passendes Lese- und Lehrmaterial für diese Arbeit ausgeliehen zu bekommen.

Horst Werner und *Alex Vasilic*, Freunde und Mitglieder des 1. Kölner Pfeifenclubs standen mir in der wichtigen Schlussphase dieser Arbeit bei der Korrekturlesung beratend zur Seite, dafür danke ich sehr.

„Ich widme diese Arbeit den Freunden der kölschen Originale, welche mit mir der Meinung sind, dass es wichtig ist, dass keines dieser kölschen Originale in Vergessenheit gerät".

Kurt Eggemann